Pfälzer Saumagen

Pfälzer Saumagen

Vom Schimpfwort bis zur Liebeserklärung

„Du Saumage!" Mancherorts diente der Name der runden Pfälzer Spezialität als Schimpfwort. Oder: „Die Newelkapp isch e schääni, schääni Zier, / de Saumage steht noch besser ihr." Die Rede ist in diesem Volkslied vom „Saumage" als „Haube mit mittelgroßem Aufsatz aus feinstem Musselin, Mull oder Gaze, mit guten Spitzen besetzt, reichlich gestickt, ohne Band und anderen Flitter" für die Bäuerin. Vereinzelt war „Saumagen" also auch ein Kleidungsstück.

Zwei weniger bekannte Beschreibungen, die im fünften von acht Bänden „Pfälzisches Wörterbuch" der Akademie der Wissenschaften und der Literatur in Mainz zu finden sind. Dort steht aber auch: „Gericht aus kleinwürflig geschnittenem Fleisch, Kartoffeln und Gewürzen (Majoran, Zwiebeln, Pfeffer, Salz), die zum Sieden und anschließenden Anbraten in einen gut gewässerten Schweinemagen eingenäht werden."

Dieser Zitat-Abschnitt aus dem Wörterbuch beschreibt exakt, was spätestens seit Bundeskanzler Helmut Kohl weit über die Pfalz hinaus den Saumagen ausmacht. Der Klassiker der Pfälzer Küche präsentiert sich heute in einer riesigen Bandbreite des Geschmacks und erfreut sich größter Beliebtheit.

„Wenn Liebe durch den Saumagen geht." So lautete denn auch im Sommer 2010 die Überschrift im LEO, dem Freizeitmagazin der „Rheinpfalz", beim Aufruf zum Rezeptwettbewerb. Und diese Liebe geht nicht nur durch den Magen, sondern sie dreht sich quasi rund um diese runde Pfälzer Spezialität. Als Beweis: Über 70 Rezepte und Serviervorschläge sind eingegangen. Zehn davon kürte eine Jury nach schwieriger Bewertung als Gewinner.

Diese Sieger-Rezepte stehen neben vielen interessanten Geschichten rund um den Saumagen im Mittelpunkt des Buches. Es richtet sich damit an Pfälzer genauso wie an Pfalzliebhaber. Viel Spaß bei der Lektüre und beim Nachkochen der Rezepte.

Michael Dostal
Geschäftsführer
mssw – Print-Medien Service Südwest GmbH

Inhalt

10 Saumagen war immer – aber nicht überall
Ein Pfälzer „Nationalgericht" zwischen Reben und Rüben
Roland Happersberger

22 Von Homers Ziegenblutwurst zum Stomachus porci
Ein Streifzug durch die Kulturgeschichte
gefüllter Tiermägen und Tierdärme
Kai Scharffenberger

28 Resteessen oder Festessen?
Die bäuerliche Tradition der Hausschlachtung und der Saumagen
Carina Zweck

34 Auf der Suche nach dem „echten" Saumagen
Anmerkungen zu einem Pfälzer Kulturgut
Roland Paul

42 Luise Wilhelmine Henninger:
Die Herrscherin über den Saumagen
Eine starke Frau und ihr berühmtes Kallstadter Rezept
Ute Günther

50 Kraftvoller Riesling aus dem Kallstadter Saumagen
Passender Weinbegleiter für das deftige Gericht
Ute Günther

56 Wer Saumagen essen will, muss „ä bissel frieher uffstehe"
Oma Herbst aus Roschbach
Dieter Hörner

60 Saumagen statt Saarland
Helmut Kohls Leibspeise – mehr als nur ein „Kanzlerkandidat"
Markus Giffhorn

68 „Weniger ist mehr"
Der Saumagen des Klaus Hambel
Carina Zweck

74 Nur Gutes kommt in den Saumagen
Die Richtschnur für Pfälzer Qualität
Michael Dostal

86	**Wenn Liebe durch den Saumagen geht**	
	Der LEO-Saumagen-Rezeptwettbewerb	
	Michael Dostal	

90   **Die zehn Gewinner-Rezepte**

132   **Verfeinerte Regionalküche mit Kreativität**
            „Leopold" Küchenchef Michael Pauli realisierte die Gewinner-Rezepte
            Michael Dostal

136   **Närrische Reverenz an eine pfälzische Spezialität**
            Der Saumagenorden der Schifferstadter Karnevalsgesellschaft Schlotte
            Carina Zweck

142   **Eine Philosophie für sich**
            Bei der Zubereitung des Saumagens scheiden sich die Geister
            Markus Giffhorn

148   **Wer macht den besten Saumagen?**
            Der Internationale Pfälzer Saumagenwettbewerb in Landau-Godramstein
            Dieter Hörner

Gedichte

80	*Wolfgang Diehl*	Die annere Leit un de Saumaache
139	*Hanns Glückstein*	Saumage-Esse
65	*Helmut Metzger*	Saumage un Saumage!
39	*Paul Tremmel*	Saumage
58	*Karl August Woll*	Saumagenlied

154   Promotion

158   Literatur
            Bildnachweis

160   Impressum

*Wenn ich an Saumagen denke,
habe ich sofort das Bild meiner literarischen
Hauptfigur Wolfram Tannenberg vor Augen,
der immer, wenn es einen besonders kniffligen Fall
zu lösen gilt, auf ein bewährtes hinterpfälzisches
Psychodopingmittel zurückgreift.
Dann setzt er sich zu Hause in der Beethovenstraße
mit seiner Großfamilie an den Tisch und lässt sich
von seiner Mutter zwei große Scheiben Saumagen
goldbraun braten. Natürlich braucht mein
Kommissar dazu einen großen Berg Sauerkraut
und eine Flasche Riesling. Das beflügelt den Geist –
und regt die Verdauung an.*

Bernd Franzinger, Krimiautor

Promotion

Promotion

Familiäre Tradition seit 1919
Metzgerei Steinmann in Ludwigshafen-Edigheim

*Fleischermeister
Gerd Steinmann*

**Metzgerei
Steinmann GmbH**
Bügermeister-Fries-Str. 32
67069 Ludwigshafen-
Edigheim
Fon 0621.661294
Fax 0621.668181
info@metzgerei-steinmann.de
www.metzgerei-steinmann.de
www.partyservice-
steinmann.de

Filiale:
Karolinenstraße 21
67069 Ludwigshafen-Oppau
Fon 0621.652564

Über 90 Jahre Familientradition im Fleischerhandwerk heißt auch Verpflichtung zur Qualität: Täglich wird in der Metzgerei Steinmann schlachtfrisches Fleisch (möglichst regionale Erzeugnisse wie Rinder- und Färsenfleisch aus der Pfalz, Schweinefleisch aus dem Kraichgau und dem Hohenloher Land) fachgerecht zerlegt und für die unterschiedlichen Rezepturen der Wurst- und Fleischwaren vorbereitet.

Alte, vom Urgroßvater überlieferte Rezepte für die „Hausmacher" sind noch heute die Basis für besonders aromatische Pfälzer Leberwurst, Blutwurst, Bratwurst und den Pfälzer Saumagen. Auf die eigene frische Herstellung und auf handwerkliches Können, in Kombination mit moderner Technologie, wird in der Metzgerei Steinmann großen Wert gelegt. Auch eine strenge Herkunftskontrolle der verarbeiteten Rohstoffe ist selbstverständlich.

Mit Fleischermeister Gerd Steinmann ist seit dem Jahr 1995 inzwischen die vierte Generation für den Edigheimer Familienbetrieb verantwortlich, der 2009 als EU-Betrieb zertifiziert wurde. Er kümmert sich mit viel Kreativität vor allem um die Spezialitäten-Küche und den Party-Service.

Ein engagiertes und gut ausgebildetes Team von Fachkräften steht für eine fachkundige und freundliche Beratung der Kunden. Und dass Qualität und Service stimmen, zeigt sich auch daran: 2010 wurde die Metzgerei Steinmann vom Gourmet-Journal „Der Feinschmecker" zum fünften Mal in Folge unter die 400 besten Metzgereien Deutschlands gewählt.

„Süsse" Qualität aus der Pfalz
Metzgerei Süss in Weisenheim am Sand

Was im Oktober 1902 mit Jacob Süss und seinem Einmannbetrieb als Adventsmetzger und einem Handel mit Därmen begann, ist innerhalb von mehr als einem Jahrhundert zu einem mittelständigen Unternehmen mit inzwischen 45 Mitarbeitern gewachsen. Alle Generationen, die an dem Aufbau des Familienbetriebes beteiligt waren, verbindet die Liebe zum Beruf des Fleischers und das Engagement für das Fleischerhandwerk.

Regionale Grundprodukte und handwerkliches Können, unterstützt durch die neueste Produktionstechnik, sind in der Metzgerei Süss eine Einheit: Das sichert eine hohe und kontinuierliche Qualität aller Fleisch- und Wurstwaren. Im Dezember 2008 erhielt der Betrieb, als einer der ersten Fleischereibetriebe in der Pfalz, die EU-Zulassung als Garantie für die Einhaltung hoher Qualitätsstandards bei der Hygiene und der Herstellung. Engagierte, qualifizierte und kreative Mitarbeiter in fünf Filialen (Birkenheide, Freinsheim, Deidesheim, zweimal in Ludwigshafen) und einer mobilen Verkaufsstelle stehen für fachliche Beratung und eine hohe Kundenorientierung.

Heinz-Werner Süss und seine Ehefrau Else Süss führen die moderne Metzgerei seit dem Jahr 1973 in der dritten Generation. Und die nächste, die vierte Generation, steht auch schon bereit: Die Töchter, Fleischermeisterin Alexandra Süss und ihre Schwester Irina Süss, die für den kaufmännischen Bereich zuständig ist, werden das Familienunternehmen nach dem Motto „Geniess von Süss" weiterführen.

Metzgerei Süss GmbH
Laumersheimer Straße 1
67256 Weisenheim
am Sand
Fon 06353.7425
Fax 06353.3781
info@metzgerei-suess.net
www.metzgerei-suess.net

Pfälzer Wurstspezialitäten aus eigener Schlachtung
Metzgerei Scherer in Hatzenbühl

Metzgerei Scherer GdbR
Luitpoldstraße 177
76770 Hatzenbühl
Fon 07275.1422
Fax 07275.8552
www.metzgerei-
partyservice-scherer.de
aufscherer@yahoo.de

Filiale:
Luitpoldstraße 76
76770 Hatzenbühl
Fon 07275.3457

Die Brüder Frank Scherer und Markus Scherer, beide Fleischermeister, führen seit dem Jahr 1999 den Hatzenbühler Familienbetrieb, den Urgroßvater Eduard Scherer 1909 gründete. Dass noch heute jeden Samstag Schweine und Rinder, geliefert von Landwirten aus der Region, geschlachtet werden, ist für beide eine Selbstverständlichkeit. Im Januar 2010 erhielt der Metzgereibetrieb die EU-Zulassung, um weiterhin selbst schlachten und produzieren zu können. Sorgfältig ausgewählte Qualitäten sind die hochwertige Basis für alle Fleisch- und Wursterzeugnisse. Unterstützt werden die Brüder Scherer von ihren Ehefrauen und zehn Mitarbeitern in der Produktion, dem Verkauf und dem Partyservice. Die Metzgerei ist ein zuverlässiger Partner der Gastronomie und vieler Vereine. Der hauseigene Schlemmer-Service liefert ideenreiche kalte und warme Büfetts für alle festlichen Anlässe.

Die besonderen Wurstspezialitäten aus der Metzgerei Scherer, wie der hausgeräucherte Pfälzer Weihnachtsschinken und eine naturgereifte Salami aus eigener Herstellung, werden deutschlandweit verschickt. Und dass der Saumagen auch eine Spezialität des Hauses ist, beweist eine Goldprämierung beim Internationalen Pfälzer Saumagenwettbewerb in Landau-Godramstein.

Auch bei uns erschienen:

ISBN 978-3-937329-32-1
9,80 Euro

Charmant, populär und fachkundig, so haben Julia Becker, Katja Schweder und Susanne Winterling als Königinnen den Wein repräsentiert. Im Wein-Lexikon des LEO, dem Freizeitmagazin der RHEINPFALZ, vermittelten sie in wöchentlichen Kolumnen Wissenswertes rund um den Wein.

Das „Königliche Wein-Lexikon" fasst nun 140 Beiträge aus drei Jahren zusammen: Es ist damit zum einen Nachschlagewerk, das Antworten auf immer wieder gestellte Fragen liefert. Und zum anderen ein durch den persönlichen Stil der drei Autorinnen geprägtes Lesebuch.

Literatur

Das Apicius-Kochbuch aus der römischen Kaiserzeit. Apicius Coelius in re quoquinaria. Ins Deutsche übersetzt und bearbeitet von Richard Gollmer. Mit einer bibliographischen Einführung von Walter Bickel. Rostock 1985

Marcus Gavius Apicius: De re coquinaria. Das römische Kochbuch des Apicius. Vollständige zweisprachige Ausgabe, herausgegeben, übersetzt und kommentiert von Robert Maier. Stuttgart 1991

Bartel, Dirk und Klein, Hermann G.: Liselotte von der Pfalz. Briefe. Eine Auswahl. Speyer 1992

Beaucamp-Markowsky, Barbara: Frankenthaler Porzellan. Band 1, Die Plastik. Publikationen der Reiss-Engelhorn-Museen Mannheim, Band 21. München 2008

Becker, Albert: Pfälzer Volkskunde (Volkskunde Rheinischer Landschaften). Bonn, Leipzig 1925. Reprint Frankfurt/Main 1979

Becker, Karl August: Die Volkstrachten der Pfalz (Veröffentlichungen der Pfälzischen Gesellschaft zum Förderung der Wissenschaften Band 30). Kaiserslautern 1952

Bergner, Anna: Pfälzer Kochbuch. Eine Sammlung von 1002 praktisch bewährten Kochrecepten aller Art, bergründet auf 30jährige Erfahrung. Nebst einem Anhange von 28 verschiedenen Speise-Zetteln. Mannheim 1858. Reprint Neustadt/Weinstraße 1977

Carl, Viktor: Lexikon Pfälzer Persönlichkeiten. 3. überarbeitete und erweiterte Auflage. Edenkoben 2004

van der Cruysse, Dirk: „Madame sein ist ein ellendes Handwerck". Liselotte von der Pfalz – eine deutsche Prinzessin am Hofe des Sonnenkönigs. München 1990

Diehl, Wolfgang: Schlachtfest und Metzelsupp'. Von Tradition und Kultur des bäuerlichen Schlachtens. Eine Anthologie. Landau/Pfalz 1992

Gerlach, Gudrun: Zu Tisch bei den alten Römern. Eine Kulturgeschichte des Essens und Trinkens. Sonderheft der Zeitschrift „Archäologie in Deutschland". Stuttgart 2001

Glückstein, Hanns: E Dutt voll Glück unn Sunneschein. Landau/Pfalz 1986

Homer: Odyssee. Nach der Übertragung von Heinrich Voss. München 1956

Marx, Reiner: „Die Zeit bringt Frucht" Saarpfälzisches Autorenlexikon. Blätter für Geschichte und Volkskunde / Hrsg. Saar-Pfalz-Kreis, Sonderheft. Homburg 2008

Literatur und Bildnachweis

Metzger, Helmut: „Ur-Pälzisch". Pälzer Sache, Pälzer Gritz, Pälzer Leit un Pälzer Witz. Karlsruhe 1982

Pfälzisches Wörterbuch. Begründet von Ernst Christmann, fortgeführt von Julius Krämer, bearbeitet von Rudolf Post, unter Mitarbeit von Sigrid Bingenheimer und Josef Schwing. 8 Bände. Stuttgart 1987 bis 1998

Post, Rudolf: Pfälzisch. Einführung in eine Sprachlandschaft. Landau/Pfalz 1990

Seebach, Helmut: Was der Pfälzer Bauer nicht kennt...Essen und Trinken im Wandel der Zeit. Ein Beitrag zur Volkskunde der Pfalz. Annweiler-Queichhambach 1991

Woll, Karl August: Pfälzische Gedichte. 6. Auflage. Kaiserslautern 1923

Bildnachweis:

Titelfoto und Fotos Rückseite: Bjørn Kray Iversen

Bernd Boscolo/pixelio: Seite 112
Cathy Brinkmann/pixelio: Seite 96
Chocolat01/pixelio: Seite 96
Jean Christen, Reiss-Engelhorn-Museen Mannheim: Seite 26
Wolfgang Diehl: Seite 25, 30
Monika Franck: Seite 88
M. Gromann/pixelio: Seite 92
Hanns-Georg Hahn: Seite 61, 62, 63
Walter Hambel: Seite 29
Roland Happersberger Archiv: Seite 17, 18
Walter Henninger: Seite 16, 43
JouJou/pixelio: Seite 93, 104
KGS Karneval- und Tanzsport-Gesellschaft Schlotte e.V., Schifferstadt: Seite 137
Peter Kirchhoff/pixelio: Seite 112
Bjørn Kray Iversen: Seite 3, 5, 55, 69, 70, 71, 75, 76, 79, 83, 89, 91, 92, 95, 96, 97, 99, 103, 107, 108, 111, 115, 119, 120, 121, 123, 124, 125, 127, 128, 129, 133, 134, 135, 143, 144
Marion Linzmeier-Mehn: Seite 87
Museumsgesellschaft Bad Dürkheim e.V.: Seite 15
Christa Nöhren/pixelio: Seite 100
Roland Paul: Seite 37
Schemmi/pixelio: Seite 116
Rainer Sturm/pixelio: Seite 129
Carina Zweck: Seite 45, 53

Wir danken für Anregungen, Erzählungen und Fotos: Wolfgang Diehl, Walter Hambel, Walter Henninger und Dr. Fritz Schumann

Impressum

Herausgeber

HMV höma Verlags GmbH & Co. KG
Im Schlangengarten 56
76877 Offenbach
Fon 06348.959391
Fax 06348.959392
info@hoema-verlag.de
www.hoemaverlag.de

in Kooperation mit

LEO
dem Freizeitmagazin der RHEINPFALZ
mssw Print-Medien Service Südwest GmbH
Kaiser-Wilhelm-Straße 34
67059 Ludwigshafen
Fon 0621.5902-860
Fax 0621.5902-880
info@mssw-online.de
www.mssw-online.de

Autoren
Michael Dostal, Markus Giffhorn,
Ute Günther, Roland Happersberger,
Dieter Hörner, Roland Paul,
Christian Roskowetz, Kai Scharffenberger,
Carina Zweck

Lektorat und Recherche
Carina Zweck

Food-Fotografie
Bjørn Kray Iversen

Gestaltung, Satz und Bildbearbeitung
Manfred Duda, Bodenheim

Druck und Verarbeitung
NINO Druck GmbH
Im Altenschemel 21
67435 Neustadt/Weinstraße

ISBN 978-3-937329-44-4

© Alle Rechte vorbehalten.

Saumagen war immer – aber nicht überall

Ein Pfälzer „Nationalgericht" zwischen Reben und Rüben

Der Saumagen, genauer, der Pfälzer Saumagen ist ein eigenartiges, schwer zu fassendes Ding, viel und wenig zugleich. Viel, weil so ein Teil, wenn es aus dem siedenden Wasser kommt, eine ganze Anzahl von Menschen satt zu machen vermag, wenig, weil der eigentliche Saumagen fast nichts ist: eine dünne Membran, die zum Geschmack des Gerichts nichts beiträgt und sogar liegengelassen wird, wie die Haut der Wurst. Aber ohne diese Membran wäre umgekehrt der Saumagen nichts, er zerflösse zu ekler Klebrigkeit.

Was uns zu einer weiteren Bestimmung führt. Eigentlich ist so ein Saumagen nichts anderes als der Maximalfall einer Wurst: dünne Wurst in den Dünndarm, dicke Wurst in den Dickdarm, noch dickere Wurst in den Magen. Man hat das im Grunde schon immer so gemacht. Etwa beim Schwartenmagen, auch einem Pfälzer Spezialfall, sonst wäre der Name nicht zustande gekommen, auch wenn diese Wurst heute eher in Dose und Plastikhaut verpackt wird, was aber auch – horribile dictu – in mancher Metzgerei einem Saumagen passieren kann. Ob der dann noch echt ist?

Auch so ein Satz ist schwierig. Wann ist der Pfälzer Saumagen echt? Kartoffeln, Schweinefleisch, Bratwurstfüllsel, Eier und als vorschmeckendes Gewürz Majoran dürften zum Grundbestand zählen, erst neuerdings von berufenen und unberufenen Saumagenexperten abgewandelt und verfeinert.

Stimmt das aber? Der Westrich scheint in alter Zeit unter dem Saumagen eher so etwas wie eine Tube voller Kartoffelpüree, vulgo Grumbeerschdambes, verstanden zu haben. Die Bauersleut' des 19. Jahrhunderts hatten dort armutshalber kaum Fleisch zu essen, während es in der Vorderpfalz – auch für Waisen und Gesinde – auch unter der Woche längst zum Standard gehörte. Kein Wunder, dass es auch im Saumagen landete. Liegt also der Ursprung des richtigen Saumagens an den Hängen der Haardt, wie man dort gerne proklamiert – namentlich in Kallstadt, wo's den Saumagen gleich dreifach gibt: als Essen auf dem Teller, als Weinlage im Feld (angeblich der Form des Gewannenstücks wegen) und als dessen Kreszenz funkelnd im Glase?

Ein früher Zeuge scheint die Vorderpfälzer Herkunft zu bestätigen: Johannes Herbordi von Bockenheim, das in besagter Gegend liegt. Sein Name ist in ungefähr einem Dutzend verschiedenen lateinischen, italienischen, französischen und deutschen Schreibweisen überliefert. Herbordi war im 15. Jahrhundert Küchenmeister bei Papst Martin V. (1417-1431) und hat ein Rezeptbuch verfasst, in dem sich folgende verheißungsvolle Ankündigung findet: „Sic prepara stomachum porci". Das heißt: „So macht man Saumagen." Leider machte ihn Herbordi anders: Weichkäse, harte Eier, Essig.

Keine Kartoffeln (wie auch?), kein Fleisch. Nur Majoran. Das Schlimmste für Pfälzer Saumagen-Patrioten ist der letzte Satz: Dieses Rezept sei besonders für italienische Esser geeignet. Dabei hat der päpstliche Koch vorher und nachher auch Spezifisches für Alemannen und Friesen in petto, weiß also nach verschiedenen deutschen Zungen und Nationen zu differenzieren.

Sie liebte deftige Kost, doch ein Saumagen kommt in keinem ihrer Briefe vor:
Pfalzgräfin Elisabeth Charlotte, Herzogin von Orléans (1652-1722), gestochen von
Hertemels nach einem Gemälde von Rigaud.

Fragen wir im späten 17. Jahrhundert die Pfalzgräfin Liselotte, die sich in ihrem ungeliebten Exil am Hof von Versailles nach der (kur-)pfälzischen Heimat sehnte, dann spielt der Saumagen keine Rolle: Sauerkraut, Specksalat und Mettwürste seien es, die sie an die Pfalz erinnern, schreibt sie in vielen Briefen.

Saumagen-Theorien gibt es genug. Pfälzer Praktiker fabulieren gern und ohne Selbstzweifel. Schließlich muss die Theorie der Praxis entsprechen. Und so erschien auch schon im Druck, dass bereits im 17. Jahrhundert die an Fleisch armen Westricher Bauern sich flächendeckend vom Kartoffel-Saumagen genährt hätten. Nichts indes spricht dafür, dass das amerikanische Nachtschattengewächs in der Pfalz schon so früh in nennenswertem Umfang angebaut worden wäre. Das Landvolk aß dazumal vor allem Brot und Getreidebrei. Gleichwohl liegt die Wurzel des Saumagens zweifellos beim Landvolk. Es schrieb nicht, und weil, einem alten Wort zufolge, nur wer schreibt auch bleibt, bleibt der erste echte Pfälzer Saumagen unentdeckt.

Selbst die „Schöne Anna" mit dem Nachnamen Bergner, ihres Zeichens Gastwirtin der dazumal weithin berühmten „Zu den vier Jahreszeiten" in Dürkheim, wusste nichts vom Pfälzer Saumagen heutiger Beschaffenheit als Leib- und Magenspeise. Oder sie wollte nichts von ihm wissen. Denn unter den über tausend Rezeptnummern ihres „Pfälzer Kochbuches" von 1858 sucht man unter den Rubriken, unter denen man ihn sinnvoll vermuten könnte, vergebens. Nur nebenbei, befremdlicherweise im Kapitel „Gemüse zu kochen und in Blechbüchsen aufzubewahren" findet sich unter der Unterabteilung „Explication, wie man in einer sparsamen und soliden Haushaltung alles benutzen kann", unter Nummer 986 der Wink, man solle den überflüssigen Speck gekochter Schinken in Würfel schneiden, mit vielen Kartoffeln vermengen und in den Schweinemagen füllen. Auch hier: Majoran, Pfeffer, Salz, Muskatnuss als Gewürze. Man kocht den Magen eine Stunde, am besten in der Suppe. Und dann eine erstaunliche Wendung: Man „lasse 3 Loth Butter in einer Pfannkuchen-Pfanne heiß werden, lege den Magen hinein und brate ihn schön gelb. Er dient als Gemüse und schmeckt gut." Ein Gemüse? Nein, das ist ganz und gar nicht, was wir suchen! Auch bei Anna Bergner geht's um Resteverwertung, nicht um ein Nationalgericht. Essensreste kleinschneiden, gut würzen – daher immer wieder der Majoran, dessen intensives Aroma zu überdecken vermag, wenn manches schon etwas alt schmeckt – und nochmal richtig heiß machen. Das dürfte der Ursprung sein. Auch wenn mancherorts der Saumagen das Schmankerl schon beim Schlachtfest gewesen ist: Ursprünglich dürfte er Tage nachher serviert worden sein und das enthalten haben, was am Schlachttag nicht mehr verzehrt werden konnte. Aber auch diese Erwägung ist Spekulation; Feldforschung, wann wo welche Saumagenzubereitung üblich gewesen oder geworden ist, steht noch aus und ist wahrscheinlich mangels hinreichender Überlieferung gar nicht mehr zu leisten.

Um 1863 jedenfalls wurde im Westrich ein Saumagenrezept mit Schweinefleisch und Kartoffeln niedergeschrieben. Es kann durchaus sein, dass der Saumagen heute üblicher Hauptzubereitungsart mit Schweinefleisch, Füllsel, eher wenigen Kartoffeln, Eier und Majoran tatsächlich von Kallstadt aus populär wurde. Denn dort hat ihn Luise Wilhelmine Henninger im dortigen Weinhaus schon vor hundert Jahren so angeboten. Erst in ihrem Rezept ist die Rede davon, einzelne Scheiben anzubraten. Das wundert nicht: Denn erst das Bratwurstfüllsel führt zu wurstartig-fester Konsistenz.

Anna Bergner, die „Schöne Anna", Gastwirtin „Zu den vier Jahreszeiten" in Bad Dürkheim, veröffentlichte 1858 ihre „Sammlung von 1002 praktisch bewährten Kochrecepten aller Art" als „Pfälzer Kochbuch".

Pfälzer Saumagen

Luise Wilhelmine Henninger machte Anfang des 20. Jahrhunderts den Saumagen von Kallstadt aus populär und das als Arme-Leute-Essen verschriene Gericht salonfähig.

16 Jahre Bundeskanzler Helmut Kohl – das bedeutete 16 Jahre Saumagen für hohe Staatsgäste. Damals konnte sogar ein systemkritisches Buch unter dem Titel „Das Saumagen-Syndrom" erscheinen. François Mitterand, Margaret Thatcher und Michail Gorbatschow kamen in den Genuss der Leibspeise, und seitdem ist für die große Welt der Saumagen zum Uznamen für den Pfälzer an sich geworden. So als ob die Menschheit zwischen Ludwigshafen und Zweibrücken, zwischen Weißenburg und Alzey nichts anderes täte, als permanent Saumagenscheiben zu verdrücken. Dabei gibt es durchaus pfälzische Gegenden, in denen das noch vor Menschengedenken niemand tat. Der Autor beispielsweise, in Hettenleidelheim geboren und aufgewachsen, entstammt einer saumagenfreien Zone; ältere Mitbürger haben ihm mehrfach bestätigt, dass derartige Nahrung weder beim Schlachtfest noch sonst gebräuchlich war.

Insofern ist mir der erste Saumagen in bleibender Erinnerung geblieben, serviert, als ich in Grünstadt aufs Gymnasium kam und aus diesem Anlass bei der dortigen Verwandtschaft zum Mittagessen geladen war: „Saumaa – nää, so was eklisches ess isch net!" Die Phantasie kocht bekanntlich mit und die Vorstellung, welche die mir unbekannte Bezeichnung unwillkürlich auslöste, vertrieb jeden Hunger. Man klärte mich auf, und ich verzehrte zaghaft Bröckchen um Bröckchen. Aber ich hätte mit wesentlich mehr Appetit gespachtelt, wenn das Teil einen weniger phantasieanregenden Namen gehabt hätte. Erst später war ich bereit zuzugeben, dass Saumagen schmeckt.

Dieser Ausflug ins Persönliche ist symptomatisch für Erfahrungen, die eine deutsche Uni-Mensa in den 1990er Jahren machte. Sie lockte ihre Studenten mit „Regionalen Wochen": Hamburger Labskaus, Bayrischer Zwiebelrostbraten. Nur auf Pfälzer Saumagen blieben die Mensaköche sitzen. Der Name lockte keineswegs, und der Anblick der Scheiben

Das stolze Metzgerhandwerk aus Grünstadt und Umgebung hat sich hier am 27. März 1927 um die Mittagszeit vor dem 1908 im typischen Heimatstil erbauten und längst abgerissenen Grünstadter Schlachthof in Positur gestellt, um mit einem ochsenbespannten Festwagen am Grünstadter Sommertagszug – andernorts Lätare- oder Stabausumzug genannt – teilzunehmen. Die Beteiligung von „Hunderten von Kindern, 30 Festwagen, 3 Musikkapellen" war damals angekündigt, „auswärtige Kinder mit Stabausstöcken" waren ausdrücklich zugelassen. Und es gab, damals wie noch heute, von „1 bis 6 Uhr" einen verkaufsoffenen Sonntag.

„Do werd die Wutz geschlacht!" Eine typische Metzgerszene aus den 1930er Jahren, aufgenommen wahrscheinlich in Hettenleidelheim. In der Mitte der Großvater des Verfassers, Hans Best, geboren 1913 in Hettenleidelheim, gefallen 1942 in Russland, der in den wirtschaftlich schwierigen Zeiten der Weimarer Republik das Metzgerhandwerk erlernte und als Adventsmetzger in die Häuser kam.

machte die Sache nicht besser: „Ich will gar nicht wissen, was die gelblichen Brocken da drin sind", überliefert der „Spiegel" in einer im typisch norddeutsch-mokanten Stil gehaltenen Rezension der „verkannten Pfälzer Spezialität" typische Reaktionen auf die Anwesenheit der Kartoffel im Magen. Einzigartig ihre Einleitung: „Beim Saumagen denken die einen an Innereien, andere an Schweinefraß und wieder andere an dicke Kanzler. Dabei ist das deutsche Gericht mit dem wohl schlechtesten Image vor allem eines: harmlos. Und schmackhaft obendrein." Na also. Ein positiveres Urteil aus hanseatischem Munde lässt sich wohl kaum vorstellen.

Es bleibt die Frage, ob der „stomachus porci" tatsächlich das Pfälzer Nationalgericht sei, und zwar a) schon lange oder b) durch persönlichen Verdienst des Altkanzlers und seiner Leibköche? Die Frage allein ist charmant altmodisch, denn von verschiedenen innerdeutschen Nationen hat man eigentlich zuletzt im 18. Jahrhundert gesprochen; spätestens seit 1871 ist im Zeitalter des Nationalismus der Begriff hierzuland preußisch-deutsch gedeutet worden. Aber wenn wir die Frage im alten Sinn stellen, wird zumindest mancher Ältere eher das traditionelle Pfälzer „Festtagsmenue" ins Feld führen, in dessen Zentrum Grünkernmehlsuppe mit Markklößchen und Rindfleisch mit Meerrettich sowie sauren Gurken oder süßsauren Zwetschgen und Birnen stehen. Dass da die Grumbeere nicht wirklich nötig sind, aber das Saure noch dazugehört, verweist auf wirklich alte Essenstradition.

Aber wo stellen sich anlässlich von Taufe, Kommunion und Hochzeit noch die Tanten in die Küche und rühren in großen Einmachtöpfen? Man geht mit der Festgesellschaft in die Wirtschaft, wo die Speisezettel meistens wesentlich moderner sind. Und so mag der Saumagen, nachdem er soviel regierungsamtliche Unterstützung gefunden hat, immerhin hier als Pfälzer Nationalgericht gelten, am besten in der Trias des Pfälzer Tellers mit Brotwerscht un Lewwerknopp – damit es denen nicht am Ende noch einfällt, ihrerseits konkurrierende Ansprüche auf den Titel des Nationalgerichts zu machen. Weit eher verdient ihn indes das Sauerkraut, das tatsächlich eine pfälzisch-elsässische Spezialität zu sein scheint und, auf dem Weg über die in die Neue Welt ausgewanderten Pfälzer, das US-amerikanische Schimpfwort für die Deutschen geliefert hat: Krauts. Aber Sauerkraut ist ja nur eine Saumagenbeilage – man beachte die gleichlautenden Wortanfänge – und zählt daher gar nicht.

Roland Happersberger

Pfälzer Saumagen

> *Wenn ich an Saumagen denke,*
> *schlägt mei lokalpatridiotisches Herzel natürlich*
> *höher, und ich möcht so gern die versteckten,*
> *unentdeckten Vorzüge dieser multidimensionalen*
> *pälzischsten aller Pälzer Speisen lobpreisen.*
> *Und/Aber weil de Chako sa-tierischer Vegetarier is,*
> *träumt er von neuen Kreationen: Vollwert-Saumagen*
> *aus Agar-Agar mit Bio-Grumbere un Tofu-Bulgur-*
> *Füllung. Gude!*

Christian „Chako" Habekost,
Mundartkabarettist und Kurpfalzdialektiker

Von Homers Ziegenblutwurst zum Stomachus porci

Ein Streifzug durch die Kulturgeschichte gefüllter Tiermägen und Tierdärme

Im 18. Gesang der „Odyssee" wird kräftig zugeschlagen. Iros, ein Landstreicher, muss gegen Odysseus boxen, der zu diesem Zeitpunkt zu Hause auf Ithaka noch immer unerkannt ist. Die Göttin Athene hat den Heimkehrer nämlich zu seinem Schutz als alten Bettler getarnt. Deshalb hielt Iros Odysseus für einen Konkurrenten um die Essensreste der Freier und forderte ihn wütend heraus. Keine gute Idee, wie sich schnell zeigt: Odysseus, nur scheinbar alt und verwahrlost, schlägt Iros kurz und schmerzvoll zu Brei.

Doch was hat dieses homerische Bettler-Boxen mit unserem Saumagen zu tun? Schauen wir auf den Kampfpreis, der dem Sieger winkt. Antinoos, Rädelsführer der frechen Freier, die Odysseus' Gattin Penelope seit Jahren belagern, bestimmt, durch den Streit der Clochards amüsiert, folgenden Lohn:

„Hört mich, mannhafte Freier, dass ich etwas sage. Da liegen Mägen von Ziegen auf dem Feuer, die wir für das Nachtmahl hingelegt, nachdem wir sie mit Fett und Blut gefüllt. Wer von den beiden siegt und überlegen sein wird, soll aufstehen und sich selbst von diesen nehmen dürfen, den er will."
(Homer, Od. 18, 43-47)

Nun mag man zu Recht einwenden, dass die hier beschriebene Ziegenblutwurst schon allein von ihrem tierischen Ursprung her kein Saumagen sei. Immerhin aber entnehmen wir diesem Passus aus Homers Epos die Gewissheit, dass man bereits im archaischen Griechenland – mit der „Odyssee" befinden wir uns in der Zeit um 700 v. Chr. – die Sitte kannte, Tiermägen mit genießbaren Inhalten zu füllen. In diesem Fall: mit Blut und Fett. Trotzdem kommt es bei Homer nicht zur literarischen Ersterwähnung eines Saumagens. Warum? An mangelnder Wertschätzung von Schweinefleisch durch die Griechen kann es nicht liegen. Gerade die „Odyssee" liefert in den Abschnitten über Leben und Wirken des Sauhirten Eumaios ein frühes und gutes Beispiel für die Bedeutung der Schweinezucht in der Antike; Odysseus selbst verzehrt bei Eumaios mit Genuss Spanferkel und Schweinerücken. Dass bei den Freiern Ziegenmägen anstelle von Schweinetuben auf dem Feuer garen, könnte vielmehr unter Umständen „politische" Gründe haben: Denn während der Schweinehirt Eumaios seinem Herrn Odysseus die Treue hält und die parasitären Freier verachtet, biedert sich der Ziegenhirt Melanthios bei den reichen und verfressenen Müßiggängern geradezu an. Sollte es also der besseren Lobby-Arbeit des betreffenden Fleischlieferanten geschuldet sein, dass die Ziege gegenüber dem Schwein in Magen-Angelegenheiten einen literarisch verbrieften Vorsprung hat?

Titelbild der lateinischen Ausgabe des Apicius-Kochbuches, die Martin Lister 1709 in Amsterdam veröffentlichte.

Wie dem auch sei: Das Stopfen und Füllen von Tiermägen und Tierdärmen hat jedenfalls, so sehen wir, eine lange Tradition. Auch die Römer verstanden sich darauf und nahmen dazu am liebsten Schweinefleisch. Das Schwein war im römischen Reich das mit Abstand am intensivsten „genutzte" Haustier: Vom Rüssel bis zum Ringelschwanz landete es im Römer-Topf. Heiß begehrt waren Sau-Euter und die Gebärmutter der Jungsau. Gegenüber solchen fragwürdigen Delikatessen muten die rustikalen „lukanischen Würste" geradezu herkömmlich an. Apicius, ein Feinschmecker der frühen Kaiserzeit, überliefert ihre Rezeptur in seinem Buch „Über die Kochkunst": Schweinefleisch wird dafür zermahlen und mit Pinienkernen vermengt, mit Pfeffer, Kümmel, Lorbeer und Petersilie gewürzt, in dünnen Schweinedarm gefüllt und dann geräuchert. Gegessen wurden die „lukanischen Würste" gerade von den einfachen Leuten gerne zu Getreidebrei. Diesem deftigen Wurstgericht widmete Martial, ein römischer Dichter des 1. Jahrhunderts n. Chr., sogar ein Epigramm:

„Als lukanische Tochter komm ich eines picenischen Schweines: auf schneeweißen Brei werd ich dann gelegt als lieblicher Kranz" (Martial, epigr. XIII 35)

Zu solchen poetischen Würden wie die „lukanischen Würste" hat es der gefüllte Schweinemagen, den Apicius im siebten Buch seiner Kochkunst kreiert, leider nicht gebracht. Aber immerhin: Die lateinische Rezeptur, die Apicius berichtet, kommt der Konsistenz und der Zubereitung des Pfälzer Saumagens schon recht nahe. Allerdings wandern beim römischen Meisterkoch nicht nur zerkleinertes und zerriebenes Schweinefleisch, rohe Eier, Gewürze und Kräuter in die Füllung, sondern auch „drei entsehnte Gehirne", eine Zutat, die den römischen Saumagen in den Augen vieler

„Brautschmaus", Holzschnitt von Nicolaus Solis, um 1550: Der gefüllte Magen auf dem Tisch könnte die erste Darstellung eines Saumagens sein.

mindestens so bedenklich erscheinen lassen dürfte wie das schottische „Haggis". Bei diesem Nationalgericht aus dem Norden der Britischen Insel wird ein Schafsmagen mit klein gehackten Innereien gefüllt: mit Herz, Leber, Lunge. Dazu kommt noch Nierenfett. Gegenüber solchen Inhaltsstoffen nimmt sich unser Saumagen, auch wenn sein Name immer wieder Anlass zu allerlei haarsträubenden Assoziationen gibt, geradezu harmlos und bodenständig aus.

Am ersten, uns überlieferten pfälzischen Rezept für „stomachus porci", also Saumagen, irritiert allerdings so manches. Es stammt aus dem frühen 15. Jahrhundert. Johannes Her-

*Die unsaubere Köchin, um 1758
„Eine Köchin macht Würste
aus dem Nachtgeschirr"
Frankenthaler Porzellan
Modell von Johann Wilhelm
Lanz, um 1756
Reiss-Engelhorn-Museen
Mannheim*

bordi, ein gebürtiger Bockenheimer, der als Küchenchef bei Papst Martin V. (1417-1431) arbeitete, hat es aufgezeichnet. Unter Nummer 21 seines „Küchenregisters" (Registrum coquine) notierte Herbordi auf Lateinisch:

„*Sic prepara stomachum porci. Recipe eum, et lava bene cum sale et aqua; post hoc recipe caseum grattatum, petrocilinum, maioranum, cum aliis speciebus, et pista illa insimul. Post hoc recipe ova dura, secundum quantitatem eiusdem, et tempera illa cum zapharano, agresto, et aliis speciebus, et mitte superius, et cooperi bene. Et erit pro Italicis.*"

„So bereitet man Saumagen zu: Man nehme ihn und wasche ihn gut mit Salz und Wasser. Dann nehme man geriebenen Käse, Petersilie, Majoran und andere Kräuter und gebe alles zugleich klein gestampft hinein. Danach nehme man, in entsprechender Menge, harte Eier, mische sie mit Safran Essig und anderen Gewürzen, gebe das darüber und schließe den Saumagen gut. Das wird den Italienern schmecken."

Bis auf die Zutat Majoran hat dieses fleischlose Gericht aus dem Spätmittelalter mit dem Saumagen, wie ihn die Pfälzer heute machen und schätzen, noch herzlich wenig gemein. Auch würde man Herrn Herbordi aus Bockenheim gerne fragen, warum diese Mixtur aus Käse, Eiern und Kräutern ausgerechnet den Italienern munden soll. Alles in allem klingt das Rezept in der Tat nach kreativer Resteverwertung. Und das ist nun etwas, was ja auch dem Pfälzer Saumagen immer wieder unterstellt wurde (und wird). Bis seine Füllung ihre heute geläufige Konsistenz haben konnte, mussten allerdings erst noch gut 300 Jahre ins Land gehen: bis zur Ankunft der Kartoffel!

Kai Scharffenberger

Resteessen oder Festessen?

Die bäuerliche Tradition der Hausschlachtung und der Saumagen

Kalt war es und oft noch nicht einmal Tag, wenn sich der Metzger zu den Hausschlachtungen in den Dörfern auf den Weg machte. Die Jahreszeit des Schlachtens war traditionell der Winter, meist Ende November, Anfang Dezember, wenn die Schweine über Sommer und Herbst schön Fett angesetzt hatten. Die Tage waren dann kalt genug, dass das frische Fleisch nicht verdarb; Kühlschränke gab es noch nicht. Die Arbeit in der Landwirtschaft war zum größten Teil getan – das Weihnachtsfest stand vor der Tür. Und davor kam ein Feiertag, der in erster Linie der Fleischversorgung für das nächste halbe Jahr diente und der zugleich auch viel harte Arbeit bedeutete: das Schlachtfest.

Es gehörte zur Tradition vieler Bauernfamilien, dass ein oder zwei Ferkel auf dem Hof großgezogen wurden. Zur Hausschlachtung, die immer ein wichtiges Datum im Jahreskalender war, kam dann der Adventsmetzger ins Haus. Und mit ihm Verwandte, Nachbarn und Freunde, die mithalfen, beim Arbeiten und beim Essen: Es gibt Berichte, dass, wurden zwei Schweine zur gleichen Zeit geschlachtet, eins in Gänze zur Verköstigung der Helfer diente.

Schon Tage vorher begannen die umfangreichen Vorbereitungen, wurden Schüsseln, Zuber und Tische geschrubbt, Gerätschaften gereinigt, der große holzbefeuerte Kessel zum Kochen des Fleisches und der Wurst vorbereitet. Jetzt konnte der Metzger kommen.

Walter Hambel aus Wachenheim war 30 Jahre lang Adventsmetzger. Gelernt hat er das Handwerk bei seinem Onkel Egon Hambel in Kerzenheim: 1952, da war er 17 Jahre alt. Als Wochenlohn gab es damals 2 Mark. Und 1 Mark wurde gleich abgezogen, wenn er ein Pfund Suppenfleisch am Wochenende mit nach Hause nahm. Zweimal drei Monate ging er im Winter in die Lehre, dann zog er von Wachenheim aus selbst von Hausschlachtung zu Hausschlachtung.

„Ich war in fast jedem Haus", erzählt der heute 75-Jährige, in den großen Weingütern in Deidesheim, in Forst und Wachenheim und bei den vielen Familien, die ein oder zwei Schweine für die eigene Fleischversorgung mästeten.

Und er hatte viel zu tun. Fast täglich war er in den Wintermonaten unterwegs, immer dabei seine Messer, der Wetzstahl und sein Holzkasten mit den sechs Gewürzdosen: Majoran, Muskatnuss, Koriander, Nelken, Salz und Pfeffer. Das Abschmecken der Wurstteige für die Blut- und Leberwurst und das Bratwurstfüllsel war große Kunst, ein gutes Augenmaß für die Menge und der sichere Umgang mit den Gewürzen war entscheidend. Abgewogen wurde nichts. Nicht zuviel und nicht zuwenig bestimmte die Qualität der Wurst – und die Beliebtheit des Metzgers.

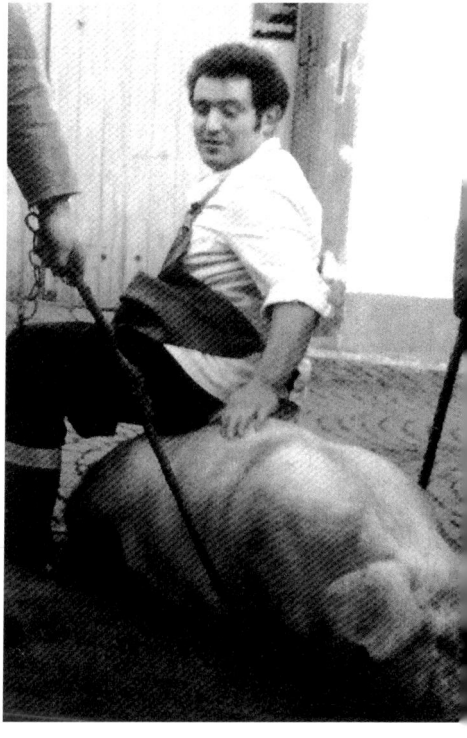

Adventsmetzger Walter Hambel im Jahr 1973 in Forst an der Weinstraße, etwas erschöpft nach dem Einfangen einer entflohenen Viereinhalb-Zentner-Sau.

Szene einer Hausschlachtung im Jahr 1921 „bei Gastwirt Jack. Baumgartner".

Es war körperliche Schwerarbeit, so ein Schwein konnte gut fünf Zentner wiegen. „10 Mark gab es 1958 für eine Hausschlachtung", erinnert sich Walter Hambel. Das Töten des Schweins, das sachgerechte Zerlegen und die Herstellung der Wurst war seine Aufgabe. Dazu kam die Aufsicht über die Helfer: Jede Menge fleißige Hände schnitten klein, drehten gekochtes Fleisch und Speck durch den Fleischwolf und erledigten die Arbeiten, die der Metzger ihnen zuwies.

So ein Schlachttag war auch eine gesellige Angelegenheit. Um die Mittagszeit versammelte sich die Helferschar um den dampfenden Kesselfleischtopf. Ein Schoppenglas kreiste, außen überzogen mit einer dicken Fettschicht von den fettigen Fingern. Das Pfälzer Dubbeglas mit den eingeschliffenen runden Vertiefungen – die „Dubbe" – soll bei einer solchen Gelegenheit ja erfunden worden sein, erzählt Walter Hambel, es rutscht nicht aus der Hand, egal, wie fettig die auch ist.

Und wie war das mit dem Saumagen neben all den Leber-, Blut- und Bratwürsten, die, in Därme gefüllt, bei jeder Hausschlachtung eine so große Rolle spielten? War das wirklich so, dass der Saumagen nur mit den Resten gefüllt wurde, die vom Schlachten übrig waren und für die es keine andere Verwendung gab?

Keineswegs. „Es war eine Delikatesse", betont Walter Hambel. Dass die Magenhaut gut gereinigt und mit viel Salzwasser geschrubbt wurde, war selbstverständlich. Und dann gewendet, das Innere kam nach außen. So wird es auch noch heute gemacht. Die Füllung bestand aus magerem Fleisch, in kleine Würfel geschnitten, und Bratwurstfüllsel. Dazu kamen noch Kartoffeln. Zum Mittagessen für die Helferschar waren extra mehr Kartoffeln gekocht worden, die dann in kleine Würfel geschnitten zu der Füllung wanderten. Gewürzt mit Majoran, Muskatnuss, einer Prise Nelken, Koriander, Salz und Pfeffer, vermischt und vermengt mit gefühlvoller Hand. Auch das Füllen war eine Kunst: gut und gleichmäßig verteilen und nicht zu prall füllen – die Masse in der aromaschützenden Hülle dehnt sich aus. Dann mit einer Wurstkordel zubinden. Der gefüllte Magen kam ganz zuletzt in den Wurstkessel und musste drei Stunden vorsichtig sieden, damit er nicht aufplatzte.

Mit Bier eingepinselt wurde der Saumagen später knusprig im Backofen gebraten. Beim Anschnitt war die Konsistenz brockelig, Bindemittel gab es nicht und die Farbe der Füllung war grau, weil nur Kochsalz drin war und kein Pökelsalz.

Es war ein Festessen: der kulinarische Höhepunkt am Abend nach einem arbeitsreichen Schlachttag.

Carina Zweck

> *Wenn ich an Saumagen denke,*
> *denke ich daran, wie sehr ich mich anfangs*
> *durch das „Wort" fehlleiten ließ.*
> *Und wie sehr ich mich heutzutage darauf freue,*
> *wenn der frische, hausgemachte Saumagen*
> *mit Kastanien und Kartoffeln im Herbst die guten*
> *Metzgereien erobert. Das ist nämlich meine*
> *Lieblingssorte.*
> *Saumagen, hm..., da geht nix drüber...*

Julia Neigel, Rock- und Popsängerin

Auf der Suche nach dem „echten" Saumagen

Anmerkungen zu einem Pfälzer Kulturgut

Wenn ich an Saumagen denke, sehe ich vor Augen, wie ihn meine Mutter bei uns zu Hause zubereitet hat und wie er beim Aufschneiden auseinandergefallen ist. Jeder bekam eine Portion der Füllung mit einem Stück der abgeschnittenen Magenkruste auf den Teller. Dazu gab es immer grünen Salat. Am liebsten aß ich immer die Kruste, wollte aber nicht daran denken, dass es die eines Magens war, weil ich Innereien eigentlich eher verabscheute. Als ich viel später zum erstenmal Saumagen in einem Lokal aß, wunderte ich mich, dass die Kruste fehlte und darüber, dass die Füllung nicht auseinanderfiel. Man verriet mir aber bald, dass der Grund, warum die Masse nicht auseinanderfalle, in einem Bindemittel zu suchen sei, das man der Füllung beigegeben habe.

Ein Gästeessen oder ein Festessen war der Saumagen in unserer Familie aber nie. Das weiß ich ganz genau. Mein Elternhaus in Steinwenden war seit Generationen ein offenes, gastfreundliches Haus. Ständig hatten wir Besuch, sei es von unserer großen weit verstreuten Verwandtschaft oder von Freundinnen und Freunden meiner Eltern oder aus dem Freundeskreis der im Hause lebenden Großtanten. Ich kann mich nicht erinnern, dass unserem Besuch von meiner Mutter oder meinen Tanten jemals Saumagen serviert worden wäre. Das war in deren Augen kein Essen, das man Gästen angeboten hätte. Für die gab es meistens Wild, in der Regel Reh, im Winter auch „Dippe-Has", was damit zusammenhing, dass mein Vater Jäger war. Nur ein einziges Mal servierte meine Mutter einem Gast Saumagen, auf dessen ausdrücklichen Wunsch hin. Es war mein alter Freund William Woys Weaver, seines Zeichens Nahrungsmittelforscher („Food Historian") in Philadelphia und Autor mehrerer kulturgeschichtlicher Werke über die Kochkunst (zum Beispiel „Sauerkraut Yankees"). Er verglich dann das pfälzische Rezept meiner Mutter mit dem „Seimage", wie er unter den Deutschen in Pennsylvanien bekannt war.

Ausgezeichneten Saumagen gab es immer auch im Hause Knapp, einem alten Dorfgasthaus mit Metzgerei in meinem Heimatdorf, das als solches über 150 Jahre bestand und für seine gutbürgerliche Küche weit bekannt war. Seit einigen Jahren findet sich dort das nicht minder bekannte Gourmetrestaurant von Peter Raisch. Die Saumagenfüllung in der Knapp'schen Wirtschaft bestand laut Hertha Knapp aus gekochten Kartoffeln, geschnittenem Schweinebauch und Schweinefleisch vom Bug, Bratwurstbrät, Zwiebeln, und war gewürzt mit Salz, Pfeffer, Majoran, etwas Knoblauch. Nach dem Sieden des gefüllten Saumagens wurde er gebraten und in Scheiben geschnitten entweder mit Sauerkraut oder mit Apfelbrei als Beilage serviert.

Als das Bonner Bundeskanzleramt in meiner Dienststelle, dem Institut für pfälzische Geschichte und Volkskunde in Kaiserslautern, vor etwa 20 Jahren nach einem alten Pfälzer Saumagenrezept anfragte, wir jedoch in unserem Institutsbestand kein Kochbuch hatten, ging ich meine private Kochbuchsammlung durch und konnte dem Kanzleramt die Kopien einiger Rezepte schicken, so das der Gastwirtin „Zu den vier Jahreszeiten" in Bad Dürkheim, Anna Bergner, aus ihrem 1858 erschienen „Pfälzer Kochbuch" oder das der Emmy Braun (die eigentlich Luise Jacob hieß), wie sie es in ihrem „Neues Pfälzisches Kochbuch für bürgerliche und feine

Küche" (erste Auflage 1886) unter der Bezeichnung „Gefüllter Schweinemagen" veröffentlicht hat. Fündig wurde ich seinerzeit auch in dem 1863 angelegten handgeschriebenen Kochbuch der Zweibrücker Anwaltsgattin Emma Glasser, geborene Ladenberger. Sie entstammte dem einst sehr bekannten „Gasthaus Ladenberger" in Bubenhausen bei Zweibrücken. Über Emma Glassers Tochter Sophie, verheiratet mit meinen Ururgroßonkel, dem Landstuhler Notar Karl Leppla, ist das Kochbuch über deren Nachkommen auf mich gekommen. Da heißt es:

„Ohngefähr 20 mittelgroße Kartoffel roh geschält, fein würflich; 1 (Pfund) Schweinefleisch wird roh fein gehackt u. mit Salz, Pfeffer, Mayoran, einigen Zwiebeln vermengt. Der Magen wird mehrmals gewaschen u. über Nacht in Salzwasser gestanden haben u. alsdann gefüllt; in vollem Wasser 3 Stunden anhaltend kochen, doch nicht zu stark u. nicht ganz zugedeckt, sonst möchte er zerspringen, auch ein Stück Butter wird beim Füllen zugegeben, wer es liebt kann ihn ja noch mit Butter anbraten, aber auch so gibt man ihn mit etwas fetter Brühe, worin er gekocht ist. Die Kartoffel u. Fleisch vor dem Füllen gekocht ist nicht so kräftig."

Als Judith Kaufmann vor einigen Jahren ihr Saumagenbuch verfasste, habe ich ihr dieses Rezept ebenfalls überlassen. Sie hat es sogar als das älteste handschriftlich überlieferte Saumagenrezept bezeichnet, was ich gar nicht so recht glauben kann.

Übrigens: Ich bin davon überzeugt, dass Saumagen eigentlich gar kein so typisches pfälzisches Gericht ist, für das es gemeinhin gehalten wird. Es findet sich sogar – wenn auch etwas abgewandelt als „Ochsenmagen" – in gedruckten Koch-

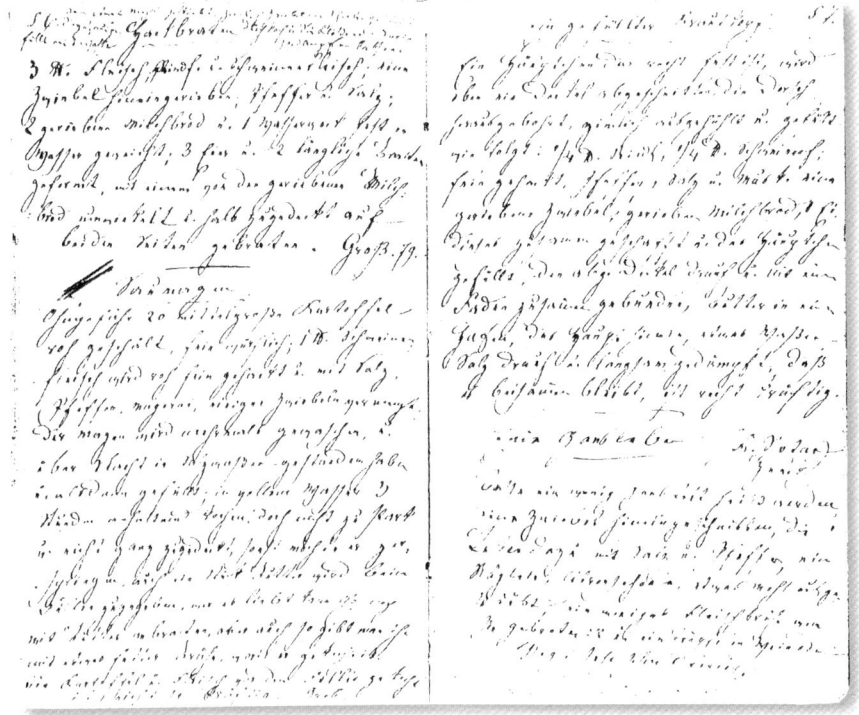

Eine Seite aus einem historischen Kochbuch aus dem Jahr 1863: Die Zweibrücker Anwaltsgattin Emma Glasser notierte ein Rezept für Saumagen mit Kartoffeln und Schweinefleisch.

büchern außerhalb der Pfalz, so zum Beispiel in dem einst sehr verbreiteten Kochbuch „Supp', Gemüs' und Fleisch. Ein Kochbuch für bürgerliche Haushaltungen oder: leicht verständliche Anweisung für Hausfrauen und Mädchen...", erschienen im Verlag von Gustav Georg Lange in Darmstadt. Mir liegen die sechste und die sechzehnte Auflage aus den Jahren 1852 und 1869 vor. Dort wird er als „Gefüllter Ochsenmagen" bezeichnet. Was die Zubereitung betrifft, liest man dort: „Man reibt den Magen, den man gereinigt vom Metzger bekommt, noch einmal mit Salz und Pfeffer aus, macht dann ein gewöhnliches Taubenfüllsel von ein paar Wecken, gedämpften Zwiebeln, Petersilie, Gewürz, einigen Eiern, und wenn man will, auch etwas Bratwurstfüllsel. Damit füllt man den Magen, und näht ihn zu. Man kocht ihn hierauf in Salzwasser so lange, bis er weich ist. Alsdann ist die Brühe auch ziemlich eingekocht, und läßt man das Fleisch nun auf beiden Seiten in seinem eigenen Fett, nebst einigen großen scheibig geschnittenen Zwiebeln, schön braten. Dann zisselt man ein wenig Mehl an die Sauce, läßt es ein wenig mit anziehen, gießt etwas Wasser daran, würzt es mit Pfeffer, und wenn es nöthig ist, auch noch mit etwas Salz, und läßt es so auch noch eine Weile aufkochen."

Wie dem auch sei, ob pfälzischen oder nichtpfälzischen Ursprungs: Der Saumagen, nach alter, traditioneller Art zubereitet, ohne all den modernen Schnickschnack, wie man ihn mitunter in noblen Restaurants findet, ist ein Stück Pfälzer Kulturgut geworden, das es zu erhalten gilt.

Roland Paul

Saumage

Die Leit bei uns im Pälzer Land,
die sinn als fleißig weltbekannt
un wu mer schafft derfscht net vergesse,
solid un kräftig ach zu esse.

Dann Esse – sagen schunn die Alde,
duht Leib un Seel zusammehalte,
gut esse muß drum efach sei:
Wann des gemacht is – g'schafft is glei!

Doch esse – bloos zum Mage fülle,
des wär jo nix - um Gottes Wille,
des wär for Pälzer jo kee Sach',
nee nee – gut schmecke muß es ach.

Un mit vum Beschte – kammer sache,
des is halt vun 're Sau de Mache,
der g'füllt mit Sache – die mer schöppt,
aus gutem aldem Hausrezept.

Un is des alles gut gerote
Un richtig g'sotte un gebrote,
dann is des meh – for's Pälzer Herz,
als Kaviar – un ann're Verz.

Un geb's denn net - seit alder Zeit,
gut g'füllt un richtig zubereit,
mit alle gute Sache drinne:
Do mußt mer'n hortich ball erfinne!

Paul Tremmel

Paul Tremmel
geboren am 30. September 1929
in Theisbergstegen

Im Jahr 1972 veröffentlichte Paul Tremmel sein erstes Buch in Mundart „Vun Autos un annere Sache" – mit Autos hatte er beruflich zu tun – und begann damit eine Karriere als einer der produktivsten und populärsten pfälzischen Mundartdichter. In der Westpfalz geboren, lebt er seit langem in der Vorderpfalz, in Forst an der Weinstraße.
Schlagfertigkeit und Mutterwitz zeichnen seine Texte aus, volkstümlich sind seine Themen, die er meist in Gedichtform umsetzt. So glossierte er einige Jahre lang wöchentlich in der Zeitung „Sonntag Aktuell", unter der Rubrik „Reim druff" ein aktuelles Zeitgeschehen.
Paul Tremmel hat mehr als drei Dutzend Bücher veröffentlicht, fast alle ausschließlich in Pfälzer Mundart geschrieben.

Wenn wir an Saumagen denken,
denken wir an den Pfälzer Teller, eine runde Sache!
Modell für die Vorstellung von Welt und Kosmos:
zuerst der Saumagen, die flache Scheibe, um die
herum das Urmeer – viel braune Bratensauce –
schwappt! Dann die kopernikanische Wende:
Der Leberknödel macht die Welt rund!
Und schließlich: die Bratwurst! Am Ende des Lebens
geht man oder isst man sich durch einen dunklen
Tunnel, an dessen Ende ein Licht kommen soll?!

Spitz und Stumpf, Kabarettisten-Duo

Luise Wilhelmine Henninger: Die Herrscherin über den Saumagen

Eine starke Frau und ihr berühmtes Kallstadter Rezept

Den feinen Geschmack ihrer Leberwurst trägt er noch heute auf seiner Zunge. Sie war grau, ein appetitliches Grau, und vor allem nicht griebelig, sondern schön zart. Weniger Fleisch, dafür mehr Leber und das perfekte Verhältnis zum Fett, das war Großmutters Geheimnis. Zu Weihnachten schickte sie ihrem Enkel selbstgemachte Pfälzer Dosenwurst ins Internat nach Bayern. Das beste Rebhuhn seines Lebens hat er bei seiner Großmutter gegessen. Walter Henninger ist inzwischen über 80, das verleiht seiner Behauptung einiges Gewicht. Auch ihre Dampfnudeln mit Salzkruste und das Kalbsfrikassee waren legendär. In aller Munde ist Luise Wilhelmine Henninger (1871-1951) aus Kallstadt jedoch wegen ihres Saumagens. Sie gilt als die Frau, die den „Gipfel aller Schlachtgenüsse", wie es in vielen Kochbüchern und Artikeln heißt, Anfang des 20. Jahrhunderts bekannt und das als Arme-Leute-Essen verschriene Gericht salonfähig gemacht hat.

Bei den typischen Pfälzer Spezialitäten macht man im „Weinhaus Henninger" in Kallstadt keine Experimente: Luises Saumagenrezept hat nach wie vor Gültigkeit. Schon damals war sie im Gasthaus die Herrscherin über die Küche und es scheint, als schwebe ihr Geist noch immer ein klein wenig zwischen Topfdeckeln und Tellern, als diktiere sie den Köchen noch immer ihre Vorgaben. Und diese Vorgaben sind äußerst präzise.

Luise Wilhelmine Henninger war eine hervorragende Köchin. Dabei kochte sie nicht aus dem Bauch heraus, sondern hielt sich strikt an ihre Rezepte. Sie feilte so lange an ihnen, bis sie und die Familie – nicht minder kritisch – zufrieden waren. Etwas mehr Salz, weniger Majoran, die Kartoffeln länger vorkochen – sämtliche Verbesserungen hielt sie akribisch in ihren Heften fest. Die Küche verließ nur, was ihre Zustimmung fand. Die Gäste des Weinhauses in Kallstadt schätzten ihre Kochkunst und aßen anstandslos, was auf den Tisch kam. Auch als Luise Henninger als eine der ersten den Saumagen statt mit Kartoffeln im Herbst auch mit Kastanien füllte. Sie hatte Fantasie und zauberte aus dem, was sich anbot, die feinsten Gerichte. Hauptsache, die Zutaten waren frisch und passten zur Saison. Aber nur weil etwas vorhanden war, hieß es nicht, dass es automatisch ihre Gnade gefunden hätte. Wenn Luise etwas partout nicht wollte, dann wurde das im „Henninger" auch nicht serviert. Da ließ sie nicht mit sich reden. Karotten im Saumagen? Undenkbar. Warum, das wusste keiner. Denn im Hause Henninger regierte ausschließlich Luise. Mit Strenge, einem eisernen Willen und einem sehr großen Herzen.

Kräftige Arme, ein großes Herz und ein feiner Geschmack: Luise Henninger mit ihrem jüngsten Sohn Georg Alfred, genannt Benn.

   Luise war nicht die einzige Frau in der Pfalz, die wusste, wie man einen ordentlichen Saumagen zubereitet. Warum die Wiege des Saumagens dennoch in Kallstadt zu liegen scheint, hat mehrere Gründe. Zu allererst muss Luise Henningers Saumagen einfach besonders köstlich geschmeckt haben. Dann gab es zu ihrer Zeit nur wenige Gasthäuser, das Traditionshaus Henninger ist ein solches Beispiel, es lief gut und die Leute empfahlen ihren Saumagen weiter. Absolut genial war jedoch Luises Idee, zumindest liest man erstmals in ihren Rezepten davon, den Saumagen in Brühe zu garen, anschließend anzubraten und den Gästen dann portionsweise zu servieren. So brachte sie ihren Saumagen unters Volk und vor allem in die feine Gesellschaft. Die schätzte die alte Hofanlage des Weinhauses. Die Familie ist seit dem 14. Jahrhundert in Kallstadt ansässig und hat mindestens seit dem frühen 17. Jahrhundert in dem Anwesen an der Weinstraße gewohnt. Seit 1855 ist das Anwesen auch eine Gaststätte, 1890 wurde aus dem Gasthaus das Weinhaus. Es ist eine der ältesten Wirtschaften der Pfalz in Familienbesitz und auf diese Tradition, zu der auch die Hausmannskost von Großmutter Luises Weinstubenküche gehört, wurde und wird nach wie vor Wert gelegt. Es war zu jener Zeit die erste Adresse in Kallstadt und Umgebung, um vorzüglich zu speisen, aber auch, um bekannte Musiker und Sänger zu hören. Eltern, die es sich leisten konnten, nahmen am Wochenende ihre Söhne und Töchter mit zum „Henninger", wo dann eine Kapelle zum Tanzen spielte. Spätere Ehen nicht ausgeschlossen.

Für die feinen Leute war es ein willkommenes Vergnügen und ein kulinarischer Genuss, für Luise harte Arbeit. Ihr Mann verstarb bereits 1926. Die Witwe führte weiterhin die Küche des Weinhauses weiter und einige ihrer sechs Kinder unterstützen sie dabei direkt vor Ort: als Wein- und Fassküfer, ein Sohn kümmerte sich um die Wingerte, die zum Eigentum der Familie gehörten, ein anderer bemühte sich zu seinem Beruf als Architekt um die Gäste im Lokal und war für die Organisation und den Service zuständig. Hilfe in der Küche anzunehmen, fiel Luise jedoch schwer. Einen jungen

Im „Weinhaus Henninger" in Kallstadt wird die Pfälzer Spezialität noch heute nach dem Rezept von Luise Henninger zubereitet.

Koch hat sie gerade noch geduldet, weil er sich haargenau an ihre Rezepte hielt. Und wenn der Metzger aus dem Ort für sie geschlachtet hat, dann überwachte sie akribisch die Verarbeitung zu Wurst und Schinken. Pragmatismus war eine von Luises Stärken. Als zu Kriegszeiten Metall knapp wurde, kürzte sie die bereits geöffneten und benutzten Wurstdosen, um sie ein weiteres Mal befüllen zu können. Sie konzentrierte sich auf den Weinbau, als sie das Weinhaus mit Beginn des Zweiten Weltkrieges schließen musste, weil alle Männer inklusive Koch und Alleinunterhalter, Buchhalter und Knechte zur Wehrmacht einberufen worden waren. Dass sie nach einem Schlaganfall gelähmt und ans Bett gefesselt war, änderte nichts an der Tatsache, dass Luise weiterhin das Sagen hatte. Das Bett stand dann eben in der Gaststube hinter dem Kachelofen und von dort aus kommandierte sie. Erst von den Besatzern wurde sie 1945 in den Nebenbau verbannt. Dennoch trug sie ihren Teil dazu bei, dass die Gaststätte 1949 mit großem Erfolg wieder eröffnet wurde.

Luise machte keiner etwas vor – dafür viele nach. Dank ihrer schriftlichen Aufzeichnungen ist dies möglich gewesen. Sie notierte sich nämlich nicht nur Rezepte, sondern die Manöverkritik gleich dazu. Wenn sie Zutaten ergänzte oder Mengen veränderte, wenn sie Zubereitungsweisen überarbeitete, dann hielt sie das schriftlich fest. Dabei ging es ihr aber nicht nur um eine längere Garzeit oder weniger Gewürze, auch nicht nur um die beste Zubereitungsart von Wildgerichten wie Fasan, Reh oder Rebhühnern. Weisheiten, kleine Sprüche, Komisches und Gedichte hielt Luise ebenso fest. Als eine Art Tagebuch mit kulinarischem Schwerpunkt könnte man diese Hefte bezeichnen. Da steht dann: „Die frischen Hühnchen brat in Butter, die alten schenk der Schwiegermutter" – Luise hatte Sinn für Humor und lachte für ihr Leben gern.

Nie verlor sie den Blick für das Wesentliche. Sie wollte immer wissen, was passiert und genau wissen, warum. Schon zu Lebzeiten ihres Mannes war Luise in und rund um das Weinhaus ständig präsent. Auf damaligen Bildern sieht man die Männer beim Keltern, Luise steht im Hintergrund. Der ganze Hof ist voller Bütten, die beinahe überquellen vor Trauben – Luise steht auf der Treppe und passt auf, dass alles richtig vonstatten geht. Sie überwachte Baumaßnahmen und hielt diese sowie sämtliche Anschaffungen genauestens in ihren Heften fest: 1905 haben sie einen frischen Boden im Saal eingezogen, 1907 gab es eine neue Treppe, 1914 war der Hühnerstall defekt und 1927 entstand die Muschelkalktreppe. Noch in hohem Alter ließ sie sich bei den Aufbauarbeiten nach dem Zweiten Weltkrieg mit ihrem Rollstuhl in den Hof tragen, um zu kontrollieren, dass die Steine ja nicht zu staubig sind, weil sie dann den Mörtel schlechter binden und die Stabilität der Mauer leiden könnte.

Und noch etwas hat sich ihr Enkel eingeprägt: die Schlachttage in Kallstadt. Mit Argusaugen bewachte seine Großmutter damals die Wurstproduktion. Der Metzger musste sich exakt nach ihrem Geschmack richten. Luise und ihre Kinder, in den Ferien auch ihr Enkel Walter – alle gleichermaßen kritisch – schmeckten so lange ab, bis das Produkt stimmte. Und zum Abschluss eines Schlachtfestes, bereitete Luise einen Saumagen, wie es ihn heute in Kallstadt noch zu essen gibt.

Ute Günther

> *Wenn ich an Saumagen denke:*
> *Knusprig muss er sein, also schön goldbraun*
> *angebraten. Gekocht mag ich ihn nicht,*
> *weil da seine feinen Brataromen fehlen.*
> *Deshalb schmeckt er mir auf der Wachtenburg*
> *am besten.*

Sabine Röhl,
Landrätin des Landkreises Bad Dürkheim

Kraftvoller Riesling aus dem Kallstadter Saumagen

Passender Weinbegleiter für das deftige Gericht

Ganz schön heiß wird es im Sommer am westlichen Ortsrand von Kallstadt. Dort befindet sich ein hügeliges Flurstück, das wie ein Kessel geformt ist: Es ist das Herzstück des Kallstadter Saumagens, einer bevorzugten Weinlage, die zu den besten weit über Kallstadt hinaus gilt. Temperaturen von bis zu 40 Grad Celsius sind in der Mitte dieses Kessels dann keine Seltenheit. Der Boden heizt sich tagsüber auf, nachts kühlt er nur langsam ab, so dass die Trauben auch nach Sonnenuntergang weiterreifen können. Das Ergebnis ist meist ein Riesling und zwar ein kräftiger, körperbetonter Riesling – der ideale Begleiter zu einem deftigen Saumagenessen.

Der Saumagen ist eine wellige Südlage am westlichen Ortsrand von Kallstadt am Hang zur Haardt hin unterhalb von Leistadt. Die Höhe liegt rund 160 bis 200 Meter über Normalnull. Die Hangneigung ist zu 40 Prozent flach, der Rest ist hängig und einige Flächen steil. Im Westen hält der Pfälzerwald Wind ab, im Norden bietet ein Hügelrücken Schutz. Die Lage ist wie in einer Nische, hat die Form eines Kessels und ist dadurch einer der wärmsten Plätze der Gegend. Die vorherrschende Bodenart ist ein kalkhaltiger Lehmboden. Im unteren Bereich der Lage findet sich vor allem Kalkmergel, weiter oben wird es zunehmend steinig und trockener und damit wasserdurchlässiger. Der Boden kann Wasser gut speichern und somit die Unterschiede zwischen oben und unten ausgleichen. Selbst bei heißen Sommern bleibt der Boden feucht genug. Gleichzeitig reifen die Trauben auch in kühlen

Sommern ausreichend. Die Bodenunterschiede wirken sich auf die Trauben aus: Oben sind die Trauben kleiner und haben weniger Säure, unten sind die Trauben voller und dicker sowie säurebetonter. Somit könnte man fast sagen, dass ein Saumagenwein ein Cuvée ist. Die fünf bis zehn Grad Oechsle mehr, die die Trauben aufgrund der begünstigten Lage und des Kleinklimas hatten, waren früher ein bedeutender Unterschied für die Winzer. Dieser Vorteil verwischt aufgrund der Klimaerwärmung allerdings zunehmend.

Woher der Name der Weinlage kommt, ist reine Spekulation. Irgendwann zwischen 1810 und 1836 tauchte der Name „Saumagen" in Kallstadt als Gewannenbezeichnung erstmals auf. Die Form des Geländes ist undefinierbar sack- oder nierenförmig und erinnert daher entfernt an die Form eines prall gefüllten Saumagens. Das ist zumindest die Erklärung, die am häufigsten strapaziert wird. Allerdings war der ursprüngliche Saumagen nicht viel größer als 1,5 Hektar und erst nach der Gebietsreform und Lagenabgrenzung im Jahr 1971 sowie späteren Flurbereinigungen erreichte die Lage die heutige Größe von 40,3 Hektar und damit die Form, die mit viel Phantasie an die Pfälzer Spezialität erinnert. Weil die Lage aber damals schon in der Katasterbezeichnung als Saumagen stand, gibt es eine Reihe von weiteren Erklärungen zur Namensherkunft.

So könnte die frühere Sauweide, auf der später ein Weinberg entstand, Namensgeber sein. Vielleicht liebte man das Schlachtessen auch einfach so sehr, dass man es damit würdigen wollte. Vielleicht war es ein Spitzname für den Eigentümer des Grundstücks. Es könnte aber auch auf das französische Wort „sauvage" zurückzuführen sein. Auf Deutsch bedeutet dies wild, unbewohnt. Durch den häufigen Wechsel der Regierungen könnte ein französischer Vermesser zu Na-

Pfälzer Saumagen

poleons Zeiten das von Gebüschen und Felskanten umgebene Stück Land so bezeichnet haben, woraus man später „Saumagen" entzifferte. Ebenso vorstellbar: Zum Beginn des 19. Jahrhunderts wurde aus einem bestimmten Stoff, dem sogenannten Saumagentuch, eine besondere Art der Kopfbedeckung gefertigt. Die Bäuerinnen trugen in Teilen der Pfalz diesen Saumagenhut. Die Form des fertigen Huts beziehungsweise des Stoffzuschnitts ähnelte der Form der Lage auf der Karte. Letztlich sind es aber alles Vermutungen. Bekannt ist nur, dass die Lage Anfang des 19. Jahrhunderts zu ihrem Namen kam, der Rest bleibt vage, denn davor ist die Katasterbezeichnung Saumagen nicht aktenkundig gewesen. Zudem hatten in den Entstehungsjahren des Saumagens ständig andere Herrscher das Sagen, mal gehörte Kallstadt zur Kurpfalz, mal zu Frankreich, Österreich oder dem Königreich Bayern. Um das 19. Jahrhundert hat man die Gewannen dann neu vermessen und beurteilt, um eine Basis für Steuereinnahmen zu haben. Die heute noch gültigen Gewannennamen wurden dabei festgelegt. Erst ab etwa 1850 interessierte man sich bei einem Wein auch für seine Lage und ging daher dazu über, die Lage nach den Gewannen zu bezeichnen, in der die Reben wuchsen. Die Weine verkauften sich mit ihrem Lagenamen schließlich so gut, dass bis 1930 tausende unterschiedliche Lagenamen in Deutschland aufkamen. Während anderswo Lagen bereits wieder zusammengefasst wurden, um mehr

Rheinpfalz

WEINKELLEREI · KALLSTADT / PFALZ
1979er
Kallstadter Saumagen
Riesling
Qualitätswein mit Prädikat
Spätlese e 0,7L
Amtliche Prüfungsnummer 5 252 273 011 80
Erzeugerabfüllung Erzeugergemeinschaft Alsheim

Anfang des 19. Jahrhunderts kam der Lagename „Saumagen" erstmals auf, über seine Entstehung gibt es nur Vermutungen. Sicher ist: Die Lage zählte schon früh zu den besten weit über Kallstadt hinaus und das ist sie bis heute geblieben.

Die Lage passt: Der Reiter auf einem Saumagen als Relief am Haus des Weinguts Koehler-Ruprecht in Kallstadt, wo der Kallstadter Saumagen Riesling auch ausgebaut wird. Der Pfälzer Bildhauer Fritz Wiedemann (1920-1987) fertigte eine ganze Reihe von Kunstwerken zu Pfälzer Weinlagen für den alten Bacchuskeller in Neustadt. Später wurden sie verkauft, unter anderem nach Kallstadt.

Wein einer nachgefragten Lage anbauen und verkaufen zu können, blieben in Kallstadt die besten Lagen noch viele Jahre getrennt. Erst Ende der Sechziger Jahre gingen die benachbarten Einzellagen wie „Nill", „Horn" und „Kirchenstück" zur Verkaufsweinlage Kallstadter Saumagen über. Diese bestand aus drei Einzellagen, die mit der Geländereform 1971 zur Großlage Kallstadter Saumagen zusammengefasst wurden. Am 19.10.1983 wurde daraus schließlich die Einzellage Kallstadter Saumagen mit der heutigen Größe von rund 40 Hektar innerhalb der Großlage Kallstadter Kobnert. Auf dem Kalkboden entwickeln sich die Weine langsamer als auf Sandboden. Es ist die typische Rieslinglage. Daraus und aus den anderen Trauben wie Burgunder oder die noch vor 20 Jahren beliebte Scheurebe entstehen jährlich 300.000 Flaschen Qualitätswein. Bereits auf der Weltausstellung in Paris 1874 erhielt ein Wein aus dem Kallstadter Saumagen die „Goldene Weltpreismünze" und noch immer gilt Kallstadter Saumagen als besonders gute Lage.

Ein Kallstadter Saumagen Riesling Kabinett trocken ist ein kräftiger, rassiger Riesling, der ein Saumagenessen perfekt begleitet. Seine Säure harmoniert mit der Säure des Krauts, das üblicherweise als Beilage gereicht wird. Ein leichter, spritziger und schlanker Wein würde zu diesem deftigen Gericht nicht passen. Auch nicht zum Ambiente der Weinstuben, wo der Saumagen meist noch in seiner ursprünglichen Form auf den Teller kommt.

Ute Günther

Wer Saumagen essen will, muss „ä bissel frieher uffstehe"

Oma Herbst aus Roschbach

Es war mitten im eiskalten Winter 1961/62. Das Sparschwein meines Kegelclubs – wer eine Bande warf musste 10 Pfennige opfern, gelang ein „Neuner" oder ein „Kranz" mussten alle anderen jeweils 10 Pfennige einwerfen – war prall gefüllt. Da sprach Hans Ostermaier, allgewaltiger Rheinpfalz-Redakteur in Landau und praktizierender ASV-Landau-Fan im keinen Widerspruch duldenden Ton: „Die Sau wird geschlachtet, mit dem Geld gehen wir zur Oma Herbst nach Roschbach!"

Da ich in dem Club neu war, wusste ich mit dem Begriff „Oma Herbst" nichts anzufangen. Dass sich dahinter ein Geschmackserlebnis der ganz besonderen Art verbergen sollte, das ahnte ich nicht. Denn „Oma Herbst" war die beste Saumagen-Köchin, die mir jemals in meinem Leben begegnen sollte. Klein von Wuchs (mit ihren gerade einmal 1,55 Metern bei 45 kg Lebendgewicht musste sie sich meist auf einen Schemel hinter ihren Tresen stellen, damit man sie überhaupt wahrnehmen konnte), aber zu ungeahnter Größe auflaufend, wenn sie ihren Saumagen – damals noch eine Rarität und bei weitem nicht so populär wie heute – zubereitete.

Ich durfte ihr einmal über die Schulter schauen, wie sie zunächst die Zutaten (Zwiebeln, Karotten, etwas Lauch, Kartoffeln, durchwachsenes Schweinefleisch u.a.) „schnipselte", wie sie diese dann, liebevoll vermengt mit den Gewürzen, in den peinlich gesäuberten Saumagen stopfte, der anschließend in Tücher eingewickelt wurde, damit er nur ja keine Chance hatte zu platzen. Und dann etwa vier Stunden später das Dufterlebnis beim Anschnitt! Nicht wie heute – ein scharfer

Schnitt mit dem Messer und eine Scheibe liegt akkurat auf dem Teller. Oh nein, der Saumagen von „Oma Herbst" ergoss sich im wahrsten Sinne des Wortes über den Ganzen Teller, er „brockelte" in jede Rundung, denn er war ohne jegliches Bindemittel zubereitet. Aber dabei entfaltete er einen Duft, wie ich ihn später nie mehr erleben durfte. Die Wirtschaft „Deutsches Haus" in Roschbach, in die Marie Herbst eingeheiratet hatte, sie war übrigens auch eine geborene Herbst, genoss in der damaligen Zeit weit und breit einen Ruf wie Donnerhall. Noch im 80. Lebensjahr bereitete „Oma Herbst" ihre unvergleichlichen Saumägen zu, allein an der Kerwe bis zu 20 an einem Wochenende.

Und doch ist es mir einmal passiert, dass ich am Kerwe-Montag leer ausging. „Wann Se mein Saumache esse wänn, junger Mann, dann missen Se ä bissel frieher uffstehe", sagte die betagte Dame mit verschmitztem Lächeln gegen 19 Uhr zu mir und servierte mir zwei sagenhaft gute grobe Bratwürste mit Sauerkraut als kleine Entschädigung für das, was mir entgangen war.

Marie Herbst „Oma Herbst" im Jahr 1991 – damals war sie 78 Jahre alt – in ihrer Gastwirtschaft „Deutsches Haus" in Roschbach.

Dieter Hörner

Saumagenlied

Preisend mit viel schönen Reden
Ihrer Speisen Wert und Zahl,
Saßen kompetente Männer
Einstens froh im Speisesaal.

„Herrlich schmeckt" – so sprach der Erste –
„Stets die Leber einer Gans,
Aber erst bei Brück in Landau
Kommt sie zu dem wahren Glanz."

„Lieber ist mir" – sprach der Zweite –
„Von den Gänsen stets die Brust:
Ja, sogar die alten Pommern
Haben dies schon lang gewußt."

„Höret" – sprach darauf der Dritte –
„Eure Sachen sind wohl fein,
Doch ich lobe mir vor allem
Leberwurst von Worms am Rhein."

„Ja, die Wormser sind vortrefflich" –
Sprach der Viert', „ich kenne sie:
Doch es sind die Otterberger
Delikater noch als die."

Und der Fünfte sprach: „Ich schätze
Jeden hehren Wurstgenuß,
Doch am Schwein ist stets das Feinste
So ein Ohr und eine Schnuß."

„Diese Sachen" – sprach der Sechste –
Kenn' ich alle sehr genau,
Doch es geht mir über alles
Stets der Magen einer Sau;

Gut gefüllt, wie sich's gebühret,
Hergerichtet mit Verstand,
Ißt ihn froh bei Weib und Kinde
Jeder Untertan im Land!"

Und es stimmt der Leberlober,
Wurst- und Schnußverehrer ein:
Der „Saumagen ist das Beste,
Dieser Füllsel-Edelstein!"

Karl August Woll

Karl August Woll
Geboren am 10. Februar 1834
in St. Ingbert
Gestorben am 17. April 1893
in Straßburg

Karl August Woll gilt als einer der Klassiker der pfälzischen Mundartdichtung und sein erster Gedichtband erschien 1868 im Selbstverlag. Seine Kindheit und Jugend in St. Ingbert verbrachte er in bitterer Armut.
Er kam ans Konvikt nach Speyer, studierte zwölf Semester Jura in München, brach ab und wurde Seminarist am Münchener Georgianum, um sich nach bestandenen Prüfungen in Speyer doch gegen den Priesterberuf zu entscheiden.
Er blieb in der Vorderpfalz, war Hauslehrer in Deidesheim, Redakteur der literarischen Beilage „Palatina" der „Pfälzer Zeitung" in Speyer und Französischlehrer. Nach dem Krieg 1870/71 übernahm er den Posten als Waisenhausinspektor für das Unterelsass in Straßburg und blieb es bis zu seiner Pensionierung 1891. Die pfälzische Mundartdichtung erlebte um die Jahrhundertwende bis zum Ersten Weltkrieg einen Aufschwung. Viele Pfälzer konnten Karl August Wolls humorvolle Gedichte auswendig aufsagen und gaben sie mündlich weiter. Woll schuf keine lokale Mundartdichtung im klassischen Sinn, eher eine pfälzische Kunstsprache, eine Mischung aus den regional-pfälzischen Sprachformen, die in seiner bewegten Biografie eine Rolle spielten.

Saumagen statt Saarland

Helmut Kohls Leibspeise –
mehr als nur ein „Kanzlerkandidat"

Aus seiner Vorliebe für das pfälzische „Nationalgericht" hat Helmut Kohl nie ein großes Geheimnis gemacht. Und er führte nicht nur ein zweigeteiltes Volk wieder zusammen – auch Genussmenschen hat er stets an einen Tisch gebracht. Vornehmlich Politiker, denen er seinen ganz persönlichen „Kanzlerkandidaten", den Pfälzer Saumagen, als kulinarisches Kunstwerk seiner Heimat präsentierte. Und ihm damit den Weg zur salonfähigen Delikatesse ebnete. So hat Helmut Kohl während seiner Amtszeit als Bundeskanzler zwischen 1982 und 1998 immer wieder illustre Gäste in sein „Stammlokal" eingeladen, den „Schwarzen Hahn" im „Deidesheimer Hof".

Hier war zu dieser Zeit die Wirkungsstätte von Manfred Schwarz, der es, als gebürtiger Waiblinger und somit Schwabe, mit einer feinen regional inspirierten Küche schaffte, zum bekanntesten Küchenchef der Pfalz zu werden. Nicht zuletzt dank Helmut Kohl, der wohl auch mit dafür verantwortlich war, dass dem Sternekoch der Spitzname „Saumagen-Papst" verpasst wurde. „Damit hatte ich nichts zu tun", schmunzelt Manfred Schwarz noch heute. Angesprochen darauf, wer denn nun alles bei ihm den Saumagen gegessen hat und an wen er sich besonders erinnert, fallen ihm nicht nur die Namen der bekannten Gesichter ein, sondern auch so manche amüsante Anekdote.

„Die meisten haben ihn gemocht!" Manfred Schwarz weiß heute noch genau, wie etwa der spanische König Juan Carlos ihn persönlich lobte, weil ihm der Saumagen mit Trüffeln besonders gut geschmeckt habe. Auch der Präsident der

Tschechischen Republik, Václav Havel, habe keinesfalls die Nase gerümpft, weder beim Anblick, noch beim Genießen des deftigen Gerichts. Vor allem bei den osteuropäischen Gästen sei der Pfälzer Saumagen gut angekommen.

Der russische Präsident, Boris Jelzin, fand so viel Gefallen an der Pfälzer Küche, dass er einer Spezialität per Dekret, nur so sei das damals in Russland möglich gewesen, seinen Namen geben wollte. Es war nicht der Saumagen selbst, der Jelzins Gaumen zwar ebenfalls erfreute. Ein Strudel mit Blut- und Leberwurst à la Jelzin wurde schließlich in Deidesheim getauft – mit beglaubigter Unterschrift Helmut Kohls.

Kohls ganz eigener Humor soll auch dafür gesorgt haben, dass der wohl einzige bedeutsame Gast, dem der Sauma-

Margaret Thatcher am 30. April 1989 im „Deidesheimer Hof".

gen nicht gerade die Freudentränen in die Augen trieb, seine Portion dennoch komplett verspeiste. Helmut Kohls Ehefrau Hannelore war aufgefallen, und Manfred Schwarz muss heute noch lachen, wenn er davon erzählt, dass François Mitterrand bei einem Staatsbesuch nur äußerst widerwillig zugriff. Also habe sie zu ihrem Mann schmunzelnd gesagt, dass das schlecht für die Presse sei. Kurz darauf sprach Kohl mit dem französischen Regierungschef – und ganz schnell war der Teller leer. „Wie hast du das gemacht?", wollte die Kanzlergattin wissen. Kohls Antwort: „Ich habe ihm gesagt, dass er das Saarland zurückbekommt, wenn er seinen Saumagen nicht aufisst…"

Eintrag ins Gästebuch: Michail Gorbatschow am 10. November 1990.

Ein herzliches Willkommen für Boris Jelzin im „Deidesheimer Hof" am 12. Mai 1994.

Alle, die mit dem „Einheitskanzler" im „Schwarzen Hahn" in Deidesheim waren, haben Helmut Kohls Leibgericht, ehemals ein Arme-Leute-Essen, heute eine Spezialität, probiert – und fast allen hat es geschmeckt: Michail Gorbatschow, Roman Herzog, Jacques Chirac und Königin Elizabeth II. von England sind nur einige von Kohls Gästen gewesen. Nach und nach hat dann der Pfälzer Saumagen eine so große Popularität erreicht, dass auch viele Prominente aus Show, Szene und Sport einen Tisch im Gourmetrestaurant des „Deidesheimer Hofs" reservierten. Serviert wurden, neben dem „Klassiker", auch die vielfältigen Variationen der regionalen Spezialität aus der Hand des Küchenchefs Manfred Schwarz. Montserrat Caballé, José Carreras, Udo Jürgens, Peter Kraus, Peter Maffay, Thomas Gottschalk, Cliff Richard, Michael Schumacher, Fritz Walter, Otto Rehhagel und sogar der wohl berühmteste Koch der Welt, Paul Bocuse, waren auf Stippvisite in Deidesheim – den Saumagen-Genuss inklusive.

An einen Namen erinnert sich Manfred Schwarz dann schließlich doch noch ganz besonders: Maggie Thatcher, die britische Premierministerin. Sie war jener hohe Besuch, bei dem ihm eine – glücklicherweise unentdeckte – Peinlichkeit passierte. Er und sein Serviceteam waren gerade dabei aufzutragen, durch eine Schwingtür als kleinem Hindernis: „Als ich mit dem Saumagen-Teller in der Hand hindurch gehen wollte, ließ die Bedienung vor mir die Tür einen kleinen Tick zu früh los und ich stieß dagegen. Mir ist nichts passiert, aber etwas von dem Essen landete auf meiner Schuhspitze. Doch ich war schon fast drin in der Geißbockstube", weiß Schwarz heute noch genau, wie sich die Szene abspielte, als er mit bekleckertem Schuh vor der hochrangigen Politikerin stand. Der Fauxpas blieb unbemerkt, der gute Saumagen hingegen bei der britischen Regierungschefin unvergessen. Einige Wochen später sei ein Brief aus der Downing Street in London eingetroffen – voll des Lobes für den guten Pfälzer Saumagen! Dessen prominentester „Verkäufer" war aber wohl immer noch Helmut Kohl...

Markus Giffhorn

Saumage un Saumage!

Helmut Metzger
Geboren am 6. Juli 1917
in Bad Dürkheim
Gestorben am 20. Dezember 1995
in Bad Dürkheim

Nachkriegszeit und Wiederaufbau – in dieser Zeit veröffentlichte der Bad Dürkheimer Verwaltungsbeamte Helmut Metzger 1947 sein erstes Werk „Trotz allem – Pfälzer Humor". Arbeitsdienst, Wehrmacht, Krieg und Gefangenschaft lagen hinter ihm. „Wie in der Kriegsgefangenschaft schrieb ich auch jetzt trotzige Gedichte nach dem Motto: Jetzt erst recht!".
Humorvoll, heiter, liebenswürdig und erfolgreich, so ließe sich die äußerst umfangreiche Mundartdichtung Helmut Metzgers beschreiben. Oft als Sieger prämiert beim Pfälzischen Mundartdichter-Wettstreit in Bockenheim, fanden seine Vorträge und Texte auch beim Literarischen Frühschoppen auf dem Wurstmarkt ein großes Publikum. Mit seiner Mundartdichtung zu unterhalten, war sein Anliegen. Der Mensch sei sein „unerschöpfliches Thema, mit seinen (gelegentlichen) Stärken und vielen Schwächen". Ohne besserwissenden Zeigefinger, mit Lebensklugheit, Optimismus und dem Glaube an das Gute erzählt er von der Pfalz und den Pfälzern.

Spezialidäte, schee zum lawe
Gibt's viel bei uns, du derfscht mer's glaawe!
Wer unser Palz besucht indesse,
Hot sicher Saumage schun gesse.
Mer nimmt de Mage vun re Sau,
Do kummt als Fillsel nei(n) genau
Viel ausgsucht Flääsch, kee Fett am Rand,
In Würfel gschnitte mit de Hand,
Dann Brotworscht-Fillsel noch dezu,
Grumbeere (paar bloß); druff als Kluu
Noch viel Gewärz (meischt Majoran),
Dann des gibt Dorscht, mein liewer Schwan!
Wann alles fertig is gekocht,
Werd er in Scheiwe eem gebrocht!

Zum Saumage, do trinkt mer Wei(n).
Du frogscht, was soll's for eener sei(n)?
Moment! Jetzt hab ich for dich jäh
Die Iwerraschung Nummer zwää:
Wie gsat: Saumage, duscht grad esse.
Als eeni vun de Palz-Finesse
Kannscht dodezu, stolz wie die Ferschte,
Saumage noch als Schobbe berschte!
Dann guck: In Kallstadt, loss der's sa,
„Gibt's „Saumage" als Wei(n)lag aa!"
„Saumage" esse un aa trinke!
Wu dut eem so ebbes schun winke?
Bloß in de scheene Palz am Rhei(n).
's is prima, Pfälzer halt ze sei(n)!

Helmut Metzger

> *Wenn ich an Saumagen denke, dann denke ich auch an die Einselthumer Weinkerwe. Viele Jahre habe ich dort als Bedienung mein Taschengeld aufgebessert und Gäste mit dem pfälzischen Leibgericht erfreut. Zum Beispiel amerikanische Gäste von der Base Ramstein, die zum „Pfälzer Teller" eine Flasche Eiswein tranken (!) oder Wanderer, die nach langen Tagestouren ihre Kräfte mit Saumagen, Sauerkraut und Püree stärkten. Auch für mich selbst darf Saumagen an keiner Kerwe oder etwa dem Residenzfest in Kirchheimbolanden fehlen: Denn um gestärkt die Runden durch die Höfe starten zu können, esse ich zu Beginn gerne ein Saumagenbrötchen. Wie man sieht, verbinde ich mit dem Saumagen einfach das Leben in der Pfalz. Denn diese beiden gehören zusammen, wie die Sterne zum Himmel - oder die Königin zum Wein!*

Karen Storck, Pfälzische Weinkönigin 2010/2011

„Weniger ist mehr"

Der Pfälzer Saumagen des Klaus Hambel

„Ich bin ein Sonntagskind", sagt der 49-jährige Klaus Hambel über sich. Und die sollen ja bekanntlich viel Glück – vulgo Schwein – haben. Doch Glück allein macht noch keinen Erfolg, eine Vision zu haben und die auch zu verwirklichen, gehört dazu. Und harte Arbeit. Dass er jeden Morgen mit Freude seinem Handwerk nachgeht, ist Klaus Hambel wichtig.

Nach der Ausbildung zum Fleischer, ohne „schlachten" zu müssen, „was mir auch nicht sehr gefallen hätte", Gesellenjahr und Meisterprüfung, übernahm er 1985 den elterlichen Betrieb in Wachenheim. Vater Walter Hambel hatte mit seiner Frau Annemarie nach seiner Zeit als Adventsmetzger eine Metzgerei mit Hausmacher Wurst in Dosen aufgebaut. Zu Leberwurst, Blutwurst, Schwartenmagen und Bratwurst kamen jetzt Leberknödel und der Saumagen hinzu – und bei diesen sechs Wurstspezialitäten, die frisch und in Dosen verkauft werden, blieb es bis heute: „Weniger ist mehr", heißt Klaus Hambels Maxime.

Immer an Freitagen wird in der hellen modernen Wurstküche in der Hintergasse in Wachenheim Saumagen produziert. Das Qualitätsrezept: 40 Prozent mageres Schweinefleisch vom Schinken, 30 Prozent blanchierte und gewürfelte Kartoffeln der festkochenden Sorte „Quarta", 30 Prozent Schweinebrät. Und als Gewürze: Salz, Pfeffer, Muskat, Koriander, eine Prise Nelken und original Thüringer Majoran.

Der einstige Geheimtipp, die kleine Wachenheimer Metzgerei mit der Hausmacher Wurst in Dosen, ist mittlerweile ein Familienbetrieb mit zehn Mitarbeitern, dessen Popularität mit der Amtszeit von Kanzler Helmut Kohl und seiner Vorliebe für den Pfälzer Saumagen begann. Die Erzeugnisse der Metzgerei Hambel haben inzwischen einen internationalen Ruf: UNO-Vollversammlung, Weltwirtschaftsgipfel, Lufthansa, Weingüter, Gastwirtschaften, Restaurants, Spitzengastronomie und Delikatessengeschäfte wurden und werden mit Pfälzer Wurstspezialitäten beliefert.

Und die Stammkundschaft für die Hausmacher-Klassiker reicht weit über die Pfalz hinaus – bis Dubai.

Carina Zweck

Auf die Mischung kommt es an: Majoran, Salz, Muskatnuss, Koriander, Pfeffer und Nelken gehören in den Fleischteig.

Zur Füllung kommen Kartoffelwürfel der festkochenden Sorte „Quarta".

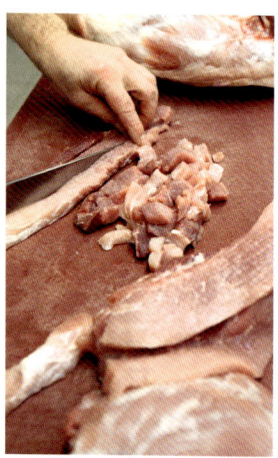

Der Hauptanteil der Füllung sind 40 Prozent mageres kleingewürfeltes Schweinefleisch aus der Keule.

Der Anteil der blanchierten Kartoffelwürfel sind 30 Prozent.

Original Thüringer Majoran gibt die besondere Würze.

Für die Bindung sorgen 30 Prozent feines Schweinebrät.

Alle Zutaten werden sorgfältig vermischt.

Weniger ist mehr

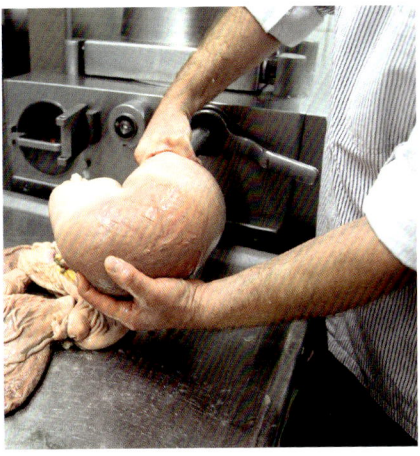

Der aromaschützende Schweinemagen wird vorsichtig gefüllt.

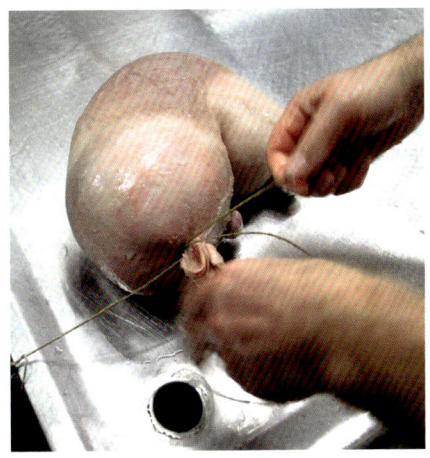

Und mit einer Wurstkordel gut zugebunden.

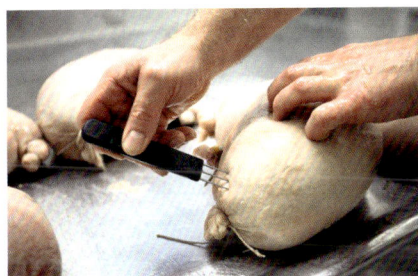

Mehrfaches Einstechen verhindert Lufteinschlüsse. Bei einer konstanten Temperatur von 75° C wird der Saumagen etwa drei Stunden gegart.

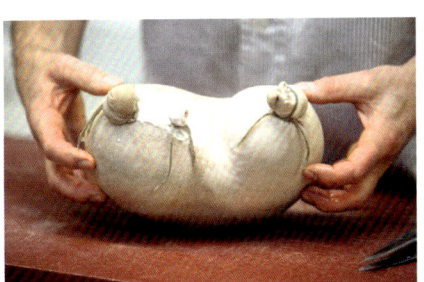

*Wenn ich an Saumagen denke,
denke ich an eines der beliebtesten ländlichen
Gerichte der Pfalz. Diese Spezialität wird von
Uneingeweihten oft wegen ihres Namens als fetter
Bauernschmaus verkannt. Richtig zubereitet
ist der gefüllte Saumagen mit magerem Fleisch,
Kartoffeln, Karotten, Eiern, frischen Gewürzen
und erlesenen Kräutern eine absolute Delikatesse.
Das Gericht ist nahrhaft, leicht und bekömmlich.
Mit anderen Worten, ein knuspriger Pfälzer Power
Saumagen „rockt" einfach auf der ganzen Linie!
Dazu eine kühle Weißherbst-Schorle oder einen
trockenen Riesling aus unserer „Pälzer Toskana".
Zu jeder Jahreszeit ein absoluter kulinarischer
Genuss!*

Andy Kuntz, Rockmusiker

Nur Gutes kommt in den Saumagen

Die Richtschnur für Pfälzer Qualität

„Wenn nichts Gutes rein kommt, kommt nichts Gutes raus." Für Heinz-Werner Süss, Landesinnungsmeister des Fleischer-Verbandes Pfalz, gibt es nur eines, was zählt: Saumagen in Spitzenqualität. Und die hängt natürlich, wie im Sprichwort, das der Metzgermeister aus Weisenheim am Sand zitiert, entscheidend mit von der Fleischauswahl ab. „Diese muss einfach stimmen. Hinterkeule etwa ist mager und das schiere Fleisch. Schweineschulter hat mehr Collagen und Sehnen", erläutert Süss.

Damit die Qualität passt, hat der Pfälzische Fleischerverband Richtlinien für Pfälzer Fleisch- und Wurstwaren festgeschrieben. Diese gibt es für die Pfälzer Spezialitäten Leberknödel, Hausmacher Leberwurst, Hausmacher Blutwurst, Hausmacher Schwartenmagen und nicht zuletzt eben für den Saumagen. Verabschiedet wurden die Qualitätsvorgaben 1979 gemeinsam durch Vertreter der amtlichen Lebensmittelüberwachung und des Fleischerverbandes. Die Basis bildeten dabei Richtlinien, die man bereits 1957 zwischen dem Pfälzischen Fleischerverband und der Lebensmittelüberwachung für in der Pfalz ortsübliche Wurstwaren festgelegt hatte.

„Neu und aus unserer Sicht sehr von Vorteil, ist wohl die Tatsache, dass neben der rein lebensmittelrechtlichen und analytischen Seite sogenannte Mindestrezepturen erarbeitet wurden, die den Betrieben als echte und praxisnahe Entscheidungshilfe dienen sollen", heißt es im Vorwort der Richtlinien-Neuauflage aus dem Jahr 1992. Als Hauptkriterien werden

zum einen die typisch pfälzischen Herstellungsgewohnheiten und zum anderen die Verbrauchererwartungen genannt.

Bei der Erarbeitung der Richtlinien definierte man auf der Grundlage der Rezepturen und der handelsüblichen Beschaffenheit der Erzeugnisse typische Produktmerkmale. Dazu dienten unter anderem Proben aus Fleischerfachgeschäften, dem Einzelhandel und der Gastronomie. Zusätzlich wurden verschiedene Rezepturen unterschiedlich hergestellter Erzeugnisse sensorisch und analytisch überprüft. Danach sind schließlich die auf dieser Basis vereinbarten Richt-Rezepturen in mindestens einem Betrieb in wöchentlichem Abstand wiederholt hergestellt worden. Mindestens 300 Gramm schwere Proben dieser Ergebnisse wurden zuletzt in den beteiligten Untersuchungsämtern unter die Lupe genommen.

Pfälzer Saumagen

Bei der Produktbestimmung heißt es im Regelwerk beim Saumagen: Ursprünglich stellte er „ein küchen- beziehungsweise tafelfertiges Fleischerzeugnis dar". Der Schweinemagen werde mit einem „Füllsel" aus grob gewolftem Schweinefleisch und vorgegarten Kartoffeln gefüllt. Dann werde dieser nach Art eines Bratens gegart und in Scheiben portioniert mitsamt der rösch gebackenen Hülle verzehrt. Als Beilage serviere man traditionell Sauerkraut. Bei den Beurteilungsmerkmalen heißt es dann weiter: „Zwar ist auch heute noch diese Herstellungsweise insbesondere im gastronomischen Bereich anzutreffen, durch die Verwendung von Brühwurstfeinbrät und Kunstdarm wandelte sich jedoch der insbesondere in Fleischerfachgeschäften in den letzten Jahrzehnten fabrizierte Saumagen hin zum Brühwursterzeugnis."

Tabelle der Nährwerte und Vitamine

	pro 100 g	pro Portion (60 g)	Anteil am Tagesbedarf (%)*
Energie	181,3 kcal	107,7 kcal	5,4
Eiweiß	12,5 g	7,5 g	15,0
Kohlenhydrate	4,8 g	2,9 g	1,1
Fett	11,7 g	7,0 g	10,0
Vitamin A	4,0 µg	2,4 µg	0,3
Vitamin B1	0,7 mg	0,4 mg	36,0
Vitamin B2	0,2 mg	0,1 mg	7,7
Vitamin B12	1,0 µg	0,6 µg	24,0
Eisen	1,0 mg	0,6 mg	4,2

* *prozentualer Anteil am empfohlenen Tagebedarf: Der Tagesbedarf variiert individuell nach Geschlecht, Alter und körperlicher Tätigkeit. (Energie, Eiweiß, Kohlenhydrate, Fett: Tagesbedarf einer erwachsenen Frau im mittleren Alter mit durchschnittlicher körperlicher Aktivität.)*

Quelle: „Informationen für Kunden des Fleischerhandwerks.
Unsere Wurst - Allergene Stoffe - Nährwerte - Zusammensetzung - Herstellung. 2010"

In den Richtlinien wurden deshalb beide Saumagen-Varianten zugelassen. Damit der ursprüngliche Charakter des Produkts jedoch erhalten bleibt, limitierte man die Anteile an Feinbrät und Kartoffeln auf jeweils ein Drittel. Weiter heißt es: „Produkttypisch ist eine Würzung mit Pfeffer, Majoran und Muskat. Die Kartoffeln werden vorblanchiert und prägen als stückige Einlagen zusammen mit den mindestens erbsengroßen Magerfleisch- und Speckanteilen das Gefüge beziehungsweise den Anschnitt des Erzeugnisses." Nicht zuletzt wird noch darauf verwiesen, dass Koch- und Nitritpökelsalz verwendet werden können. In der Regel präsentiere sich der Saumagen jedoch „umgerötet".

„Diese Regeln sorgen für die Richtschnur und definieren quasi die untere Grenze. Die Qualität kann damit nie unter ein bestimmtes Niveau sinken", ordnet Heinz-Werner Süss die Richtlinien ein. Dazu gehöre auch, so Süss weiter, dass die Branche regional denke, regionale Produkte verwende und so letztendlich auch die Region stärke. „Dies gilt nicht nur für das Fleisch sondern etwa auch für die Kartoffeln im Saumagen", betont der Innungsmeister. Ganz besonders wichtig ist ihm dabei, dass die Regelungen der Qualitätsrichtlinien nicht zu einer „Einheitswurst" führen. Süss: „Über 25 Jahre Erfolg zeigen, dass es keine Gleichmacherei gibt."

Michael Dostal

Die annere Leit un de Saumaache

Kummscht heit, mer esch jo polyglott,
weil mer die Welt schun gsähne hot,
ins Ausland sou wie beischbielsweise
zu Bayern, Schwoowe, zu de Breiße,
und schdellscht dich dann als Pälzer vor,
dann saachen Frää un Mann im Chor:

Ach ja, sie kommen aus dem Land,
das für den Saumagen bekannt.
Druf manscher arich vornähm duut
un verziecht dann noch sei Schnuut.

Die dumme Leit dort määnen als,
meer sin Barbare in de Palz,
die unbeleckt vun Küchenkinschten
das Unaussprechliche sich dinschten.

Doch annrerseits esch beischbielsweise
Saumaache Pälzers Lieblingsschbeise,
un was de Pälzer sou gut schmackt,
ganz Deitschland an der Seele packt.

Mim Fillselkeenich delikat
macht' Helmut Kohl domols gar Schtaat.
Ob Gorbatschow ob Mitterand,
er hot die Grouße alliminand
vun deitscher Kich do iwwerzeicht.
Mim pälzer Saumaache war das leicht.

Das macht, die Welt wääß jerenfalls,
es gibt se, unser klänni Palz.
Seitdäm hän mansche ach Indresse,
an pälzer Läwensart un Esse.
Nää, jeerer nit, doch wer sich draut
un uf mein guure Rot dann baut.

Wolfgang Diehl
Geboren am 8. August 1940
in Landau/Pfalz

Wolfgang Diehl studierte Germanistik, Philosophie, Kunstgeschichte, Geschichte und Politische Wissenschaften, war Journalist in Mainz, Alzey und Ingelheim, dann Studienrat in Landau. Eine Reihe von Publikationen über die Themenbereiche Literatur, Geschichte, Kunstgeschichte, Volks- und Landeskunde kommen aus seiner Feder.
Mitte der siebziger Jahre erschien „Linksrheinisches", sein erster Gedichtband, für den der Autor 1980 den Pfalzpreis für Literatur bekam. Weitere Gedichtbände und Veröffentlichungen in vielen pfälzischen und rheinland-pfälzischen Anthologien folgten.
Als Mundartautor schreibt er – manchmal auch unter Pseudonym – im südpfälzischen Dorf-Dialekt, wie er bis in die fünfziger Jahre gesprochen wurde. Der Dialekt ist für ihn ein künstlerisches Ausdrucksmittel, die regionale Identität ist ihm wichtig. Wolfgang Diehl schreibt über seine pfälzische Heimat und seine intellektuellen Heimaten, über Land und Leute in „Kenntnis der Welt". Der Schriftsteller (Roman, Lyrik, Erzählungen), dessen Werk so viele Facetten hat, lebt in Landau.

Wer muurich esch, der macht kä Bosse,
un kann sich dann belehre losse:
Wann du beim Suuschi annelangscht,
hoscht hoffentlich vorm Schwein kä Angscht.

Die Leit, die sellen Fisch achiele,
die duun doch mit ehrm Läwe schbiele,
ganz annerscht kannscht mit Pälzer Schbeise
Läwenskunscht und Schdiel beweise.

Un schlickscht mit Riesling den dann nunner
werscht luschdich, kreizfideel un munner.
Kraft gibt er ach, un nit sou wännich,
drum liewen meern ach immer bschdännich.

Wer d Schnuut verziecht bei demme Wort
Dem saach ich nor: Kum her, geh fort,
guck hie, wie der de Pälzer schmackt,
un wann dich dann die Luscht nit packt,
dann hoscht, ich saach des uuverbliemt,
den Saumache ach nit verdient.

Wer Auschdre isst un Wachdeleier,
Böff Schdrohganoff un Kafiar,
der liebt's vor allem etwas deier,
der gheert dann zu de Schdrunzer-Schar,
die wu veracht die Hausmannskoscht.
Doch wann d nix uffem Deller hoscht,
do kannscht zwar schbeise, doch nit esse.
Meer Pälzer duun halt nit vergesse,
dass wammer schafft, de Hunger kummt,
dann esch de Feinschmecker verschdummt.

Dann kannscht mit Sauerkraut verdraache
vun ännrer Sau de gfillte Maache.
Un manscher, der wu skebdisch war,
geheert heit zu dere grouße Schaar,
die hot zur Leibschbeis ihn ernannt
nit nor bei uns, im ganze Land.
Seit mer den Maache ach verschickt,
esch Deitschland grad nooch ehm verrickt.

81

Pfälzer Saumagen

Dann drin sinn Grumbeer, Flääsch, Gewärze,
do kammer sich als nei sich schderze.
En Jeerer, wu des Ganze brobt,
hot immer noch des Ding gelobt.
Un was im Maache drinneschdeckt
hot Lääwensgeischter ufgeweckt,
un Luscht gemacht uf mäh und mähner
uf dicke, grouße - blous kän klääner.

Letscht hot en Gast mit großem Zweifel
velleicht vun Hamburch, vun de Eifel,
sich sou en Maache aageguckt,
verächtlich dann mim Maul gezuckt.

Er guckt die Sach genauer aa
un denkt: Velleicht esch doch was draa,
un iwwerhaubt, en Duft uffschdeicht,
der hot ehm dann den Wääch gezeicht.

E bissel schinant esch der dann kumme
un hot e klännes Schdickl genumme
un hot's versuucht un hot's prowiert,
do war er schun zum Glick verfiehrt,
er hot gekaut un hot n gschlickt,
mer sieht's ehm aa, er esch beglickt,
und bletzllch heerscht den Kerl dann saache:
Elläänich meer - der ganze Maache!

Wolfgang Diehl

Pfälzer Saumagen

„Wenn ich an Saumagen denke,
fallen mir etliche Sonntage meiner Jugendzeit ein:
Ich war damals frisch verliebt und die Mutter
meiner Freundin versammelte jeden Sonntag
ihre drei Töchter samt Ehemännern, in meinem Fall
samt Freund, um ihren Mittagstisch, wo es
regelmäßig Saumagen gab. Sie verwendete
ein Rezept mit viel Karotten. Mittags aßen wir ihn
frisch, abends servierte sie ihn beidseitig
angebraten. Dass wir nicht zusammenblieben,
lag gewiss nicht am Saumagen...

Dr. Fritz Brechtel,
Landrat des Landkreises Germersheim

Wenn Liebe durch den Saumagen geht

Der LEO-Saumagen-Rezeptwettbewerb

Der Saumagen als „Klassiker der Pfälzer Küche" begeistert nicht nur in diversen Varianten in den Weinstuben oder Sternelokalen der Region. Das Pfälzer „Nationalgericht" regt auch die vielen Hobbyköche im Südwesten zu phantasiereichen Kreationen an. Wenn es dafür noch eines Beweises bedurft hätte, so wäre dieser mit dem LEO-Saumagen-Rezeptwettbewerb erbracht. Das wöchentliche Freizeitmagazin der „Rheinpfalz" hatte im Sommer 2010 Leserinnen und Leser zum Mitmachen aufgerufen: Insgesamt 77 detaillierte und sehr liebevoll gestaltete Rezepte und Serviervorschläge stellten die Jury am Ende vor eine wirklich schwierige Aufgabe.

Das fachkundige Gremium setzte sich zusammen aus den pfälzischen Sterneköchen Stefan Neugebauer vom „Schwarzen Hahn" im „Deidesheimer Hof" und Peter Steverding aus dem Knittelsheimer „Isenhof". Auch Heinz-Werner Süss aus Weisenheim am Sand, Landesinnungsmeister des Fleischer-Verbandes Pfalz, brachte seine Fachkenntnisse ein. Vervollständigt wurde die Jury durch Dieter Mauer, höma-Geschäftsführer, sowie Michael Dostal, mssw-Geschäftsführer, den Herausgebern des Saumagenbuches.

Heinz-Werner Süss liebt Saumagen am liebsten klassisch mit Kartoffelbrei und Rieslingkraut. Sauerkraut und Kartoffelpüree sind auch für Stefan Neugebauer die optimale Kombination zum Saumagen. Und Peter Steverding kombiniert den gefüllten Magen gerne mit Stampfkartoffeln und Wirsing.

Für Stefan Neugebauer sind Saumagen, Sauerkraut und Kartoffelpüree die optimale Kombination.

Pfälzer Saumagen

Heinz-Werner Süss liebt Saumagen am liebsten klassisch mit Kartoffelbrei und Rieslingkraut.

Die persönlichen Vorlieben der drei Fachleute spielten jedoch bei der Bewertung keine Rolle. Wichtigste Kriterien waren Originalität, Kreativität und Komposition.

Das Ergebnis der Überlegungen, wenn Liebe durch den Saumagen geht, finden Sie auf den folgenden Seiten. Abgedruckt werden die Rezepte der Plätze 1 bis 3 sowie sieben weitere, von der Jury alle auf Platz 4 gesetzt. „Ein klassischer Saumagen, der dem Original am besten entspricht", stand auf Stefan Neugebauers Prioritätenliste ganz oben. „Keine Vari-

Er kombiniert den gefüllten Magen gerne mit Stampfkartoffeln und Wirsing: Peter Steverding.

ationen ohne gutes Basisrezept", urteilte auch Peter Steverding, der sich wie sein kochender Kollege von der Vielfalt der Einsendungen begeistert zeigte. „Die Bandbreite ist eine gute Sache, wichtig sind jedoch Kreativität und vor allem der Geschmack", betonte Heinz-Werner Süss. In diesem Sinne: Viel Spaß beim Nachkochen und einen guten Appetit!

Michael Dostal

Goisemer Saumagen

Ein Familienrezept

Rezept von Peter Röther
aus Neustadt-Geinsheim

1. Preis

Bei der gewünschten Gesamtmenge sollten die Mengenverhältnisse in etwa so sein:

Zutaten

25 Prozent Kartoffeln
25 Prozent mageres Schweinemett
20 Prozent Schweinebauch
30 Prozent Schweinebug

1 halbe Zwiebel pro Kilogramm
1 Knoblauchzehe pro Kilogramm
1 Stange Lauch pro 5 Kilogramm
20 g Salz pro Kilogramm
2,5 g Pfeffer pro Kilogramm
2,5 g Koriander pro Kilogramm
2,5 g Muskat pro Kilogramm
1,5 g Majoran pro Kilogramm
(wenn gewünscht)

„Von meinem Vater übernommen, stellen wir gemeinsam ein- bis zweimal im Jahr zu familiären Anlässen, vorwiegend in der kalten Jahreszeit, zwei bis drei Saumägen her.

Nach einem umfangreichen Programm bei der Herstellung wird dieser abends frisch aus dem Kessel und warm mit Sauerkraut und frischem Bauernbrot unseren Gästen serviert. Gerne wird natürlich auch noch Tage später der frisch gehaltene Saumagen in der Pfanne mit ein paar Zwiebelscheiben, vielleicht sogar ein wenig Knoblauch, angebraten gegessen.

Es ist und bleibt immer wieder ein Erlebnis, das fertige Produkt aus dem Kessel zu holen, aufzuschneiden und den ersten Bissen zu kosten.
Zum Trinken empfehle ich einen fruchtigen Silvaner oder auch einen Müller-Thurgau als Schorle."

Das Fleisch von den Knochen befreien und in kleine Würfel schneiden. Die Kartoffeln schälen und ebenfalls in Würfel schneiden (kleiner als einen Zentimeter). Die Kartoffeln leicht im Kochtopf ankochen und kaltstellen.
Zwiebeln, Knoblauch und Lauch klein schneiden und leicht in einer Pfanne andünsten.

Das Fleisch mit den Gewürzen gut durchmischen, anschließend die Zwiebeln, Knoblauch und den Lauch dazugeben und zum Schluss die Kartoffeln.
Die Schweinemägen müssen innen und außen gut gewaschen werden! Die Füllung kann danach in die Mägen beziehungsweise in den Kunstdarm eingefüllt werden. Die Enden gut abbinden.

Der Saumagen muss dann bei 85° C gut 3 Stunden sieden. Er kann in heißem Zustand serviert, oder auch kalt nach Bedarf angebraten werden.

Zubereitung

Saumagen-Crostini

Wenig Aufwand - große Wirkung

Rezept von Jenny Vesper
aus Eisenberg

2. Preis

Pfälzer Saumagen

Zutaten

„Wenig Aufwand – große Wirkung. Als Auftakt für einen rustikalen Pfälzer Abend. Dazu passt ein Pfälzer Rieslingsekt."

400 g Saumagen
(dünnere Scheiben, etwa 1/2 cm)
je 2 EL Balsamico
und Weißweinessig
4 EL Olivenöl
Pfeffer
etwas Salz
4 EL geröstete Kürbiskerne
80 g Parmesankäse, grob gerieben
Küchenkräuter/Schnittlauch

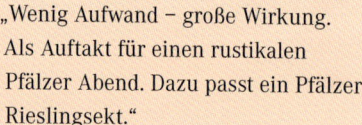

Saumagen-Crostini

Die Saumagenscheiben in kleine Würfel schneiden, die Küchenkräuter klein hacken, den Schnittlauch in Röllchen schneiden.
Essig und Öl verrühren, mit Salz und Pfeffer abschmecken, die Saumagenwürfel vorsichtig unterheben, Parmesan und Kräuter dazugeben.

Eine kleine Partystange (Bauernbrot) in Scheiben schneiden. In einer Pfanne mit heißem Butterschmalz beidseitig goldbraun backen. Auf Küchenpapier abtropfen lassen.
Den Salat auf den Brotscheiben verteilen und geröstete Kürbiskerne darüberstreuen.

Zubereitung

Saumagen á la Irene

Eine Komposition
aus verschiedenen Rezepten

Rezept von Irene Legler
aus Frankenthal

3. **Preis**

Pfälzer Saumagen

Saumagen
Ein Saumagen, beim Metzger vorbestellen
1,5 kg Hackfleisch
3 Eier
1,5 kg Schweinefleisch
500 g gekochten Schinken
1 kg Kartoffeln
500 g Karotten, für die spätere Farbe
1 EL Salz
1/2 TL bunter Pfeffer aus der Mühle
2 Zwiebeln, gewürfelt
Muskat, Majoran und Petersilie zum Abschmecken

Weinsauerkraut
2 kg Sauerkraut
2 Äpfel
1 Zwiebel
1 Würfel Palmin
1/4 Liter Riesling
Wachholderbeeren, etwas Kümmel

Zutaten

Zubereitung

Das Fleisch und den Schinken in Würfel schneiden. Die Kartoffeln und die Karotten schälen, in kleine Würfel schneiden und blanchieren. Alles mit dem Hackfleisch und den 3 Eiern vermischen und mit den Gewürzen abschmecken.
Die Füllung in den vorbereiteten Magen füllen, nicht zu voll, damit er nicht platzt.
Ich fülle meinen Sterilisiertopf mit Salzwasser und gare den Saumagen bei 75° bis 80° C (ich benutze dafür den Einkochthermometer) etwa 3 Stunden.

Ich serviere den gegarten Saumagen, nach kurzer Ruhezeit in Scheiben geschnitten, mit Weinsauerkraut, Kartoffelbrei und Bauernbrot. Der übrige Saumagen kann auch am nächsten Tag gebacken gegessen werden.

„Als Michail Gorbatschow und Margaret Thatcher damals von unserem Bundeskanzler Helmut Kohl hier in der Pfalz mit Saumagen beköstigt wurden, verwöhnte auch ich meine Gäste mit dem berühmten Pfälzer Saumagen. Ich suchte mein Rezept aus verschiedenen Rezepten zusammen und verwandelte es nach meinem Geschmack."

Panierte Saumagenstreifen auf Linsengemüse mit Kartoffelstroh

„De Palz meets Schwaben"

Rezept von Katrin Bunner
aus Speyer

Panierte Saumagenstreifen

Pfälzer Saumagen

Pro Person 1 Scheibe Saumagen

200 g braune Linsen
2 Schalotten, klein geschnitten
1 Knoblauchzehe
1 kleine Karotte, in Brunoise
(feinste Würfel) geschnitten
50 g Knollensellerie, in Brunoise
(feinste Würfel) geschnitten
100 g Butter und Olivenöl
etwa 200 ml Brühe
Salz
Pfeffer
1 EL Senf
2-3 EL Apfelbalsamico
1 Schuss Rotwein

1 Kartoffel
Frittierfett
Fleur de Sel

Glatte Petersilie zum Garnieren

Zutaten

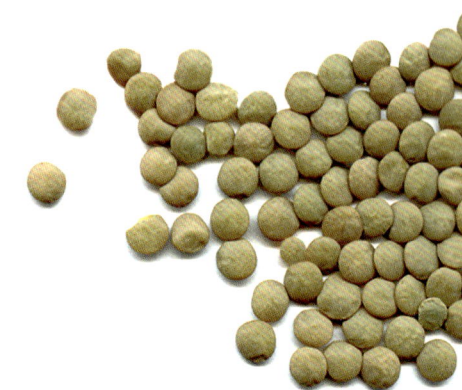

Panierte Saumagenstreifen auf Linsengemüse mit Kartoffelstroh

Saumagen
Pro Person eine Scheibe Saumagen in etwa 1 cm breite Streifen schneiden. In Mehl wenden, dann mit Ei und Semmelbröseln panieren. In Butterschmalz (oder Albaöl) von allen Seiten knusprig braten.

Linsengemüse
Die Zwiebeln und das Wurzelgemüse in Fett anrösten, die Linsen dazugeben, Senf, Balsamico und einen Teil der Brühe angießen. Die Linsen garen, dabei immer wieder etwas heiße Brühe zugeben – quasi wie ein Risotto garen. Mit Salz, Pfeffer und Apfelbalsamico abschmecken.

Kartoffelstroh
Eine Kartoffel in Julienne (oder ganz feine Stifte) schneiden. Ins Wasser legen, trocknen und frittieren. Mit wenig Fleur de Sel würzen.

Anrichten
In die Mitte der Teller das Linsengemüse geben. Darauf die Saumagenstreifen wie einen Scheiterhaufen anlegen und „on top" ein paar frittierte Kartoffelstreifen geben und ein Blatt Petersilie einstecken.

Zubereitung

Weißwurstsaumagen auf Spitzkohl und Steinpilze mit Senfsoße

„Wenn Liebe durch den Saumagen geht, dann auch mal anders"

Rezept von Philippe Jorgel aus Weisenheim am Sand

Pfälzer Saumagen

Zutaten

Saumagen
1 Saumagen vom Metzger
2,5 kg Weißwurstbrät vom Metzger
4 mittelgroße Karotten
2 kleine grüne Zucchini
2 kleine gelbe Zucchini
20 EL Schinkenwürfel
1 unbehandelte Zitrone
schwarzer Pfeffer aus der Mühle
Muskat
Salz

Spitzkohl
1 halber junger Spitzkohl
1 große rote Paprika
1 EL braune Butter
50 ml Gemüse- oder Geflügelbrühe
1 halbe Knoblauchzehe
1 Prise Majoran
1 Prise Kümmel, gemahlen
1 EL kalte Butter
1/4 Bund Petersilie
Chilisalz
Salz und Pfeffer

Steinpilze und Pfifferlinge
200 ml Pilzfond
150 ml Sahne
120 g Pfifferlinge
120 g Steinpilze
1 EL Senf
1 EL braune Butter
Kümmel, gemahlen
Pfeffer aus der Mühle
Chilisalz
Stärke
Salz

„Mein Name ist Philippe Jorgel. Ich bin 14 Jahre alt, komme aus Weisenheim am Sand und koche für mein Leben gern. Mein Traumberuf ist Koch. Ich habe mir für dieses Gericht viele Gedanken gemacht und es auch schon ausprobiert und mit Freunden gekostet. Es hat gut geschmeckt und sie leben alle noch."

Saumagen

Die Schale der Zitrone abreiben. Die Karotten, die gelben und grünen Zucchini putzen und in kleine Würfel schneiden. Die Gemüsewürfel in Salzwasser blanchieren, in kaltem Wasser abschrecken und trocken tupfen.
Die Gemüsewürfel mit dem Schinken unter das Weißwurstbrät rühren, mit Muskat und etwas Zitronenabrieb, nach Bedarf mit etwas Salz und Pfeffer abschmecken. Den Saumagen verschließen und in einem leckeren Sud auf Gemüse nach Wahl mit Kräutern und Gewürzen garen. Das Ganze darf aber auf keinen Fall kochen, sondern soll bei 80° C zu einer Kerntemperatur von 72° bis 75° C ziehen. Je nach Größe des Saumagens dauert die Garzeit etwa 2 Stunden.

Spitzkohl

Den Spitzkohl putzen, den Strunk entfernen und in nicht zu kleine Blätter schneiden. Die Spitzkohlblätter ein bis zwei Minuten in kochendem Salzwasser blanchieren und danach in kaltem Wasser abschrecken.
Die Petersilie fein schneiden, die Paprikaschote vierteln und entkernen, mit einem Schäler die Schale entfernen und in Würfel schneiden.
Eine etwas tiefere Pfanne erhitzen, die braune Butter hineingeben und den Spitzkohl mit der Paprika anbraten. Etwas Brühe dazugeben und die Knoblauchzehe einlegen. Mit Majoran, einer Prise Kümmel und Chilisalz würzen. Die kalte Butter einrühren und die Petersilie dazugeben.

Pfifferlinge und Steinpilze

Den Pilzfond in einem Topf erhitzen, Sahne und Senf dazugeben und aufkochen lassen. Mit Chilisalz und Stärke zu einer leichten Soße anbinden. Die Pilze mit einem Pinsel oder Küchenkrepp putzen und zerkleinern, danach in brauner Butter ein bis zwei Minuten bei milder Hitze anbraten, mit Salz, schwarzem Pfeffer aus der Mühle, etwas gemahlenem Kümmel abschmecken und zur Senfsoße geben.

Anrichten

Den Spitzkohl auf einem warmen Teller anrichten, den Saumagen in Scheiben schneiden und die Pilze mit der Senfsoße auf den Spitzkohl geben.

Saumagen-Begräbnis

Auflauf aus Saumagen, Kartoffeln, Sauerkraut und Senfsahne

Rezept von Regina Schalk aus Winden

Saumagen-Begräbnis

Zutaten

Für 4 Portionen

600 g festkochende Pfälzer Kartoffeln
ca. 500 - 600 g Saumagen
(in ca. 1/2 cm dicken Scheiben)
1 große Dose Sauerkraut (810 g)
1 Zwiebel
4 EL Sonnenblumenöl
10 Wacholderbeeren
5 Lorbeerblätter
2 TL getrockneter Majoran
300 - 350 ml trockener Pfälzer Riesling (ersatzweise klarer Traubensaft)
Salz
schwarzer Pfeffer aus der Mühle
250 g Schlagsahne
4 TL mittelscharfer Senf
(am liebsten Dijon-Senf)

Saumagen-Begräbnis

"Kein Grund traurig zu sein, wird doch der Saumagen mit Sauerkraut, Pfälzer Kartoffeln und Senfsahne auf's Feinste bestattet!"

Zubereitung

Die Kartoffeln waschen und in der Schale 20 Minuten kochen. Inzwischen das Sauerkraut in ein Sieb geben, kalt abspülen und gut abtropfen lassen. Die Zwiebel pellen und würfeln.

Die Saumagenscheiben quer halbieren und in heißem Öl portionsweise auf beiden Seiten anbraten, herausheben und beiseite stellen. Die Zwiebel ins Bratfett geben und anbraten. Sauerkraut, Wacholder, Lorbeer, Majoran und Riesling zugeben und aufkochen. Mit Salz und Pfeffer würzen und etwa 10 Minuten kochen, dann etwas abkühlen lassen.
Die Kartoffeln abgießen, abschrecken, pellen, in Scheiben schneiden und salzen.

Sauerkraut, Saumagen und Kartoffelscheiben abwechselnd nebeneinander in eine große gefettete Auflaufform schichten. Die Sahne und den Senf miteinander verrühren und über die Kartoffeln und den Saumagen gießen. Den Auflauf „Das Saumagen-Begräbnis" im heißen Ofen bei 200° C auf der zweiten Schiene von unten 20 Minuten backen und gleich servieren.

Saumagen im Bierteig

„Goldene Zeiten"
mit Quitten-Kartoffelpüree

Rezept von Emilie Heck
aus Westheim

Saumagen im Bierteig

Pfälzer Saumagen

Für 4 Portionen
4 Scheiben Saumagen

Bierteig
125 g Mehl
1 Ei (Größe M)
Salz
1 kleine Zwiebel
1 Bund Schnittlauch
1/8 Liter Bier
50 g Butterschmalz

Quitten-Kartoffelpüree
800 g Quitten
1,2 kg vorwiegend festkochende Kartoffeln
4 Zwiebeln, gewürfelt
2 EL Butter
300 ml Gemüsebrühe (Instant)

Zutaten

„Lust auf neue Geschmackserlebnisse, auf eine alte Liebe mit neuer Würze?"

Die Zwiebel abziehen und fein würfeln. Den Schnittlauch waschen und in feine Röllchen schneiden. Aus Mehl, Ei, Salz, Zwiebel, Schnittlauch und Bier einen dickflüssigen Teig rühren und 10 Minuten quellen lassen. Die Saumagenscheiben in den Bierteig tauchen und in heißem Butterschmalz von beiden Seiten etwa 4 Minuten backen.

Die Quitten vierteln, schälen, entkernen und klein schneiden. Die Kartoffeln schälen und würfeln. Beides mit den Zwiebeln in heißer Butter dünsten. Die Brühe dazugeben und zugedeckt bei mittlerer Hitze 30 Minuten köcheln.
Die Quitten-Kartoffel-Mischung pürieren.

Saumagen

**Der Klassiker
trifft auf Orangen und Rote Bete**

Rezept von Frank A. Walter
aus Bad Dürkheim

Saumagen

Pfälzer Saumagen

1,5 kg Schweinefleisch aus Nacken und Schulter
1,5 kg Kartoffeln (festkochend)
1,5 kg Schweinemett
50 g Zwiebeln
3 EL Salz
1 TL schwarzer Pfeffer
1 TL getrockneter Majoran
1/2 TL getrocknetes Basilikum
1/2 TL Thymian
1/2 TL Muskatnuss

Kartoffelbrei
1,5 kg Kartoffeln (mehlig)
150 ml Milch
75 g Butter
Muskatnuss

Beilagen
2 Orangen
4 Scheiben Bio Rote Bete (große Scheiben)
2 rote Zwiebeln
1 Kästchen frische Kresse
Flüssiger goldener Wildblütenhonig oder Kastanienhonig zu einem Kastanien-Saumagen

Das Schweinefleisch in grobe Würfel schneiden, die Kartoffeln ebenfalls in große Würfel schneiden und blanchieren. Die Zwiebeln würfeln. Alles miteinander vermischen und in einen Saumagen geben. Den Saumagen bei geringer Hitze 3 Stunden garen.
Entsprechend den gewünschten Portionen den Saumagen in Scheiben schneiden. Die Scheiben sollten nicht dicker als 1 cm sein.
Aus den Scheiben runde Portionen mit einem Durchmesser von 5 cm ausstechen und von beiden Seiten anbraten.

Eine große oder zwei kleinere Scheiben Rote Bete auf den Teller legen, überlappend darüber die Orangenscheibe, überlappend darüber eine Saumagenscheibe. Die Zwiebelwürfel darüberstreuen. Neben der Komposition in einer länglichen Anordnung das Kartoffelpüree ergänzen.
Den Honig über die Komposition geben, das Kartoffelpüree dabei aussparen. Zum Schluss das Ganze mit den kleinen grünen Blättern der Kresse dekorieren.

Zubereitung

Für den Kartoffelbrei die Kartoffeln weich kochen, danach mit den Zutaten mischen und zu einem Brei stampfen. Mit Muskat abschmecken.

Die Orangen in 1 cm dicke Scheiben schneiden, den Rand entfernen. Je nach Größe der Orangen nimmt man nur die zwei inneren Scheiben. Die Orangenscheiben sollten ähnlich groß sein wie die Saumagenscheiben. Die Zwiebeln in kleine Würfel schneiden.

Gegrillter Saumagen

Zubereitungsvorschlag
von einem Nordlicht

Rezept von Bernhard Block
aus Wildeshausen

Gegrillter Saumagen

Pfälzer Saumagen

„Ich habe den Saumagen das erste Mal bei Freunden in der Pfalz kennengelernt, anfangs ein schrecklicher Gedanke für mich, Innereien zu essen, Pfui Deibel. Mit viel Zuredungskunst habe ich mich überwunden, ein klitzekleines Stückchen zu probieren. Die Überraschung war gelungen, von wegen Innereien (die eh nur in meinem Kopf existierten), das Zeug schmeckte lecker.

Seither bin ich bekennender Saumagenliebhaber. Bei jedem Besuch in der Pfalz, und das sind einige pro Jahr, geht's erst einmal in die Woistub und ich lasse mir den gebratenen Saumagen schmecken, echt lecker. Mittlerweile werde ich schon ausgelacht ob meiner geweckten Liebe zu Saumagen und Schorlewein."

Gegrillter Saumagen

Ich grille den Saumagen in gewohnt dicken Scheiben über Grillkohle, wobei ich, wenn die Kohle durchgeglüht ist, Buchenholzstückchen auf das Feuer lege.

Das ergibt einen leichten Rauchgeschmack, der dem Saumagen eine unvergleichbare Würze gibt. Es dauert sehr lange, bis die Scheiben knusprig gebräunt sind, erstaunlicherweise ist der Saumagen innen trotzdem noch saftig. Dazu reichen wir Baguette und Krautsalat.

Zubereitung

Pfälzer Saumagen

**Ein klassisches
und einfaches Rezept**

Rezept von Hans Dieter Gros
aus Kaiserslautern

Pfälzer Saumagen

Pfälzer Saumagen

1 kg mageres Schweinefleisch
1 kg Schweinebauch
1 kg Schweinehackfleisch
1 kg feines helles Bratwurstbrät

2 kg Kartoffeln
3 Karotten
1 Stange Lauch
(nur das weiße und gelbe)
1 dicke Zwiebel
3 Brötchen vom Vortag
16 frische Eier

Zutaten

110 g Kochsalz
20 g Pfeffer weiß, gemahlen
15 g Muskatnuss, gemahlen
10 g Nelken, gemahlen
10 g Knoblauch, granuliert
20 g Majoran, gerebelt
3 Päckchen Backpulver

2 bis 3 Saumägen oder
Rinderbutten, sauber geputzt
(vom Metzger)

„Das klassische (einfache) Rezept, das jede Hausfrau problemlos in der Küche zubereiten kann."

Zubereitung

Die Kartoffeln und Karotten in kleine Würfel schneiden, etwa 5 Minuten anbrühen und erkalten lassen. Den Lauch und die Zwiebel sehr klein würfeln und mit etwas Butter leicht andünsten. Die Brötchen in Würfel schneiden. Schweinefleisch und Schweinebauch in kleine Würfel schneiden.

Das gesamte Fleisch mit Brät, Eiern, Salz und Gewürzen gut vermengen, alle restlichen Zutaten zugeben und nochmals gut vermengen. Die Masse in die vorbereiteten Saumägen oder Rinderbutten nicht zu stramm einfüllen und gut zubinden.

Die Saumägen oder Butten bei etwa 90° C in den Kessel geben und dann bei etwa 80° bis 85° C, je nach Dicke, 2 bis 3 Stunden brühen. Wenn sich oben Luftblasen bilden, nach einer halben Stunde mit einer Stopfnadel einmal vorsichtig einstechen.

Pfälzer Saumagen

> *Wenn ich an Saumagen denke,*
> *do geht mir es Herz uff! Ich ess jo schun aarisch*
> *gern Hausmacher Worscht, aber bei Saumaah,*
> *do werd moin Bauch im Kopp verrickt,*
> *also richtig närrisch, wie magisch aogezoo vun*
> *dem Zeich! Saumaah kennt ich alle Daach esse.*
> *Des Problem is nur, dass es manche Wertschafte*
> *gebbt, die leehn am 2 Scheibcher uff de Deller,*
> *so als Art „Gruß aus de Worschtkich",*
> *nee, wää 2 Scheibcher rendiert sich des net,*
> *es sei denn es kämen noch 2 Lewwerknedel dezu.*
> *Ich glaab, ohne Saumaah kennt ich gar net lewe.*

„De Pälzer" Ramon Chormann, Mundart-Comedian

Verfeinerte Regionalküche mit Kreativität

„Leopold" Küchenchef Michael Pauli realisierte die Gewinner-Rezepte

„Aus dem Bauch heraus mit Zutaten aus der Region für die Region kochen." So beschreibt Michael Pauli, Küchenchef des Restaurants „Leopold" in Deidesheim, seine Philosophie. Pauli ist ein Verfechter der „kreativen, verfeinerten Regionalküche". Zusammen mit seinem Souschef Christoph Dietrich hat er die Gewinner-Rezepte aus dem LEO-Saumagenwettbewerb in seiner Küche nachgekocht und gemeinsam mit dem Fotografen Bjørn Kray Iversen für dieses Buch inszeniert. Der 45-jährige Pauli besinnt sich gerne „auf die alte Kochkunst, wie sie mein Lehrmeister immer angewandt hat". Nicht zuletzt deshalb hat ihm die Kreativität der Wettbewerb-Gewinner zugesagt.

Der „Leopold" Küchenchef stammt aus Münsingen auf der Schwäbischen Alb. Kochen gelernt hat er in Betrieben in Freudenstadt und der Region Stuttgart. Im Jahr 2000 kam er ins BASF-Gesellschaftshaus in Ludwigshafen und blieb in der Pfalz „hängen". Nach einer Zeit, in der er als Privatkoch in Ludwigshafen arbeitete, folgten 2005 das „Ambiente" in Freinsheim, 2008 das „Käsbüro" in Bad Dürkheim-Seebach und nun seit 2010 das „Leopold" in Deidesheim. Souschef Christoph Dietrich ist 25 Jahre alt und stammt aus Berlin. Er arbeitete als Koch in Berlin, in österreichischen Hotels und auf dem Kreuzfahrtschiff MS Europa. Zuletzt war er in der Küche des Restaurants „Zur Einigkeit" in Wörth-Maximiliansau aktiv.

Kochten die Gewinner-Rezepte nach: Souschef Christoph Dietrich und Küchenchef Michael Pauli.

Das Restaurant „Leopold", das im Spätjahr 2010 im Weingut von Winning in Deidesheim eröffnet, will „in einem gemütlichen, aber eleganten" Umfeld Weinstubenflair bieten. Küchenchef Michael Pauli und Restaurantleiterin Barbara Weber setzen dabei auf eine „Mama-Küche der Weinregionen", in der altbekannte Gerichte jugendlich interpretiert werden. Diese werden im Gastraum sowie im Sommer im Park des Weingutes unter schattigen Bäumen serviert.

Das Anwesen des Weingutes mit dem Restaurant in Deidesheim hat eine lange, traditionsreiche Geschichte. Gegründet wurde es Mitte des 19. Jahrhunderts von Friedrich Deinhard (1812-1871) und dessen Frau Auguste Jordan. Der Besitz ihres Bruders Andreas Jordan ist 1848 bei dessen Tod

Pfälzer Saumagen

Schönes Ambiente und eine traditionsreiche Geschichte: das Weingut von Winning in Deidesheim.

Managt das „Leopold": Restaurantleiterin Barbara Weber.

aufgeteilt worden (Jordan'sche Teilung). Dr. Andreas Deinhard, Sohn von Friedrich Deinhard, wurde dann Nachfolger, bis seine Tochter Emma und deren Ehemann Hauptmann Leopold von Winning (1899-1917) den Betrieb übernahmen.

Unter von Winnings Führung erlebte das Weingut eine Glanzzeit und wurde auch Gründungsmitglied des Verbandes der Naturwein-Versteigerer, dem heutigen Verband der Prädikatsweingüter (VDP), sowie des Deutschen Weinbauverbandes. In jener Zeit hatte das Weingut den Namen „Hauptmann von Winning'sches Edelweingut". 1918 ging der Betrieb in den Besitz der Kellerei Karl Josef Hoch aus Neustadt an der Weinstraße über. Sie durfte den Namen „von Winning" nicht führen und nannte das Weingut wieder „Dr. Deinhard".

Seit 2007 ist Achim Niederberger Inhaber. Inzwischen wurde das Weingut von Winning „neu" gegründet, um die Weine – von Winning und Dr. Deinhard – zu vermarkten. Niederberger, der auch Inhaber der Weingüter Geheimer Rat von Bassermann und Reichsrat von Buhl ist, gelang es so, nach einein halb Jahrhunderten die „Jordan'sche Teilung" aufzuheben.

Insgesamt werden im Weingut von Winning heute rund 38 Hektar Rebfläche bewirtschaftet, davon sind zehn Hektar Große Gewächs-Lagen. Der Fokus – über 80 Prozent – liegt auf Riesling. Weitere Rebsorten sind Weiß- und Grauburgunder, Chardonnay, Gewürztraminer, Muskateller und seit 2008 Sauvignon Blanc. Außerdem werden Spätburgunder sowie ein Rotwein-Cuvée produziert.

Im Weingut von Winning reift, im Weinberg und im Keller, vor allem Riesling.

Michael Dostal

Närrische Reverenz an eine pfälzische Spezialität

Der Saumagenorden der Schifferstadter Karnevalsgesellschaft Schlotte

Im eigentlichen Sinn ist er ein Karnevalsorden und wird in der „närrischen Jahreszeit" durch die Schifferstadter Karneval- und Tanzsport-Gesellschaft Schlotte e.V. vergeben. Vor allem seine ungewöhnliche Form unterscheidet ihn von den üblichen karnevalistischen Auszeichnungen.

Im Jahr 1991 hatten der damalige Präsident Wilfried Külbs und Ehrensenator Günter Kreckler die Idee, eine Auszeichnung für Persönlichkeiten aus Kultur, Sport, Politik und Wirtschaft zu schaffen, die sich um die (historische) Kurpfalz, genauer gesagt, die Rhein-Neckar-Region, verdient gemacht haben. Die Symbolzahl der Narren, die Elf, stand Pate, als der Stifter Günter Kreckler die Anzahl der Orden und ihre Verleihung zunächst auf elf närrische Jahre begrenzte.

Die Form eines gefüllten Saumagens als Orden wurde gewählt, um die Pfälzer Spezialität zu würdigen, die in den 1990er Jahren auf staatsmännischer Ebene so berühmt wurde. Der Saumagen machte die Pfalz in aller Welt bekannt.

Der Orden besteht aus einem Rosenquarz, wiegt etwa 740 Gramm und ist jedes Mal ein Unikat. In Idar-Oberstein erhält der Halbedelstein den Schliff in die Form eines Saumagens. Er ist verziert mit silbernen Abschnürungen und wird an einer Silberkette um den Hals getragen.

Nach dem großen Erfolg der ersten elf Ordensverleihungen und der damit verbundenen Publicity, beschloss die Karnevalsgesellschaft 2002, die Serie mit geänderten Verleihungsmodalitäten fortzusetzen: Es sollten nun auch Persön-

Der Saumagenorden: ein „gewichtiger" Rosenquarz von 740 Gramm.

lichkeiten geehrt werden können, deren Wirkungskreis oder Herkunft nicht mehr allein auf die Kurpfalz beschränkt ist. Die Suche nach auszeichnungswürdigen Personen wurde auf das gesamte Bundesgebiet und darüber hinaus ausgedehnt.

Bei der Verleihung an die Ordensträgerin oder den Ordensträger, die jährlich während der Karnevalssaison im historischen Alten Rathaus in Schifferstadt stattfindet, wird ein zünftiges Saumagenessen mit dazu passendem Saumagenwein gereicht. Die Laudatio hält die Vorgängerin oder der Vorgänger. Ein buntes Programm mit Musik und humorvollen Beiträgen umrahmt die Verleihungsfeierlichkeiten.

Carina Zweck

Die Träger des Pfälzer Saumagenordens der Karneval- und Tanzsport-Gesellschaft Schlotte e.V. Schifferstadt (gegründet am 11.11.1948)

1992	Dr. Helmut Kohl, Bundeskanzler
1993	Dr. Werner Pfützer, Präsident der Vereinigung Badisch-Pfälzischer Karnevalvereine
1994	Joy Fleming, Sängerin
1995	Fritz Walter, Fußballweltmeister 1954
1996	Prof. Dr. Theo Becker, Ordensmeister der Weinbruderschaft der Pfalz
1997	Dr. Jürgen Strube, Vorstandsvorsitzender der BASF
1998	Kurt Beck, Ministerpräsident von Rheinland-Pfalz
1999	Kampfmittelräumdienst Rheinland-Pfalz
2000	Theo Magin, Mitglied des Deutschen Bundestages, Ehrenbürger von Schifferstadt
2001	Prof. Dr. Bernhard Vogel, Ministerpräsident von Thüringen, Ministerpräsident a. D. von Rheinland-Pfalz
2002	Wolfgang Schneider, Betreiber des Holiday Parks
2003	Prof. Dr. Lothar Späth, Wirtschaftsmanager, Ministerpräsident a. D. von Baden-Württemberg
2004	Marie-Luise Marjan, Schauspielerin
2005	Dr. Markus Merk, Fußballschiedsrichter
2006	Hans-Dietrich Genscher, Bundesaußenminister a. D.
2007	Dieter Thomas Heck, Radio- und Fernsehmoderator
2008	Vicky Leandros, Sängerin und Politikerin
2009	Hermann Layher, Leiter des Auto- und Technikmuseums Sinsheim und des Technikmuseums Speyer
2010	Stefan Kuntz, Fußball-Europameister 1996, Vorstandsvorsitzender des 1. FC Kaiserslautern

Saumage-Esse

Hanns Glückstein
Geboren am 10. Mai 1888
in Völklingen
Gestorben am 19. Mai 1931 in
Ludwigshafen

Ein „richtiger" Pfälzer war Hanns Glückstein eigentlich nicht, er beschrieb sich selbst als „e Mannemer Bloomaul". Er kam im Alter von einem Jahr nach Mannheim und wuchs dort auf. Im Jahr 1906 erschienen die „Erlebnisse vun de Familie Pitzelberger – E paar Schtimmungsbilder", seine erste selbstständige Veröffentlichung. Neben seiner Tätigkeit als Bankangestellter, später als Bankdirektor, verfasste er eine Vielzahl von Werken in Mannheimer Mundart und erreichte eine große Popularität.
Hanns Glückstein fehlt in keiner Darstellung oder Anthologie zur pfälzischen Mundartdichtung. Er bekennt sich zur Pfalz und seine Werke, heiter und witzig, beschreiben die Wortgewandtheit und dem Humor des Pfälzers. Viele seiner Gedichte wurden vertont. 1986 erschien „E Dutt voll Glück unn Sunneschein" – eine Auswahl mit bisher unveröffentlichten Gedichten.

Was draus in de Kleenschtadt bleibt heilig' Vermächtnis,
Dess bloost eem die Großschtadtluft aus'm Gedächtnis,
Nooch modischem Kram eem's de ganze Tag juckt
Unn's Alte, dess werd in die Tischschublad g'schuckt!
Die Großmannssucht drückt heut uff alles de Schtempel
Unn's hochg'schtoch'ne Wese, dess werd zum Exempel,
's Verrückte unn Närrische werd heut zur Mode,
Aach's Mundartgebabbel verlerne die Schote,
's Moderne verderbt eem als 's ganze Konzept
Unn schtehlt selbscht 'm Kochbuch manch gutes Rezept!

Was lest m'r dann ewe als Schpeiskartgekritzel:
Getrüffelte Sooße unn Paprikaschnitzel,
Gedämpftes Fasanehern, russische Eier,
Unn Froschschenkel, Schnecke unn boef a la meier,
Do lachscht Dich wahrhaftig ball bucklig unn schepp!
Wo bleiwe dann hoorige Grumbeereknöpp?
Unn saure Kartoffle unn Brootworscht mit Linse
Unn Blutworscht mit Bohne? No, sag m'r, wo sin se?
Dess is d'r jetzt alles im Zeitschtrom vergesse!
Wer kennt noch e pälzisches Saumage-Esse?
So 'n Saumage-Balle, so'n runder, so'n dicker
Mit Grumbeerefüllsel unn Schweinefleeschschtücker,
Majran drin unn orndlich gepeffert unn g'salze!
Was meent'r, do kann mit 'm Gaume eens schnallze,
Do kann m'r dann achle unn schpule nooch Not
Is's Mägele knuschprig und krachlig gebroot,
Dezu noch e Sauerkrautladung unn Wein,
Do kann m'r dann schaufle! Gewitter, wie fein.

Hanns Glückstein

> *Wenn ich an Saumagen denke,
> fällt mir ein, dass der erste, den ich gegessen habe,
> gesotten war, nicht gebraten, und er ist beim
> Aufschneiden „auseinandergefallen". Das fand ich
> nicht so vertrauenswürdig – doch es war köstlich.
> Am liebsten mag ich ihn, wenn er gut gewürzt ist,
> in Scheiben gebraten, mit Sauerkraut und
> Kartoffelbrei – und mit einem herzhaften trockenen
> Weißburgunder. Weißwurst ist, in Konkurrenz
> zum Saumagen, allerdings immer noch eine meiner
> Leibspeisen, zu verzehren allerdings vor zwölf Uhr,
> mit frischen Brezen, süßem Senf, dunklem Bier,
> in einer bayrischen Wirtschaft – was leider nicht
> so oft möglich ist.*

Theresia Riedmaier, in Oberbayern geboren,
Landrätin des Landkreises Südliche Weinstraße

Eine Philosophie für sich

Bei der Zubereitung des Saumagens scheiden sich die Geister

„Geschüttelt, nicht gerührt!" James Bond weiß genau, auf welche Art er seinen Martini genießen möchte. Die Saumagen-Agenten in der Pfalz sind sich da nicht so sicher. Bei der Frage „Gebraten oder gesotten?" herrscht große Uneinigkeit. Bei Köchen und Genießern gleichermaßen.

Willkommen in der Welt der kulinarischen Glaubensfragen: „Kann man einen Rotwein auch kalt trinken?" „Welcher Wein passt zu welchem Essen?" „Das Rumpsteak medium oder durch?" Und natürlich: „Gehört der Saumagen als Scheibe in die Pfanne oder als Ganzes in einen Topf mit siedendem Wasser?" In der Pfalz ist es heute das Traditionsgericht, das scheinbar völlig unterschiedliche Traditionen vereint, wie Feinschmecker, Küchenmeister und Hobbyköche zu berichten wissen. Denn bei der Art der Zubereitung von Helmut Kohls Leibspeise scheiden sich die Geister.

Für wahre Traditionalisten halten sich vor allem Genussmenschen reiferen Geistes, die noch immer darauf schwören, den Saumagen so zu essen, wie ihn schon die Großmutter zubereitete – komplett in der Hülle, in fast kochendem Wasser. Nur so erreiche er den Siedepunkt besten Aromas. Unverfälscht schmecke er dann, nur nach den reinen Zutaten, die, so sagen es die Meister der hiesigen Fleischer-Innungen, sich zu je einem Drittel aus Kartoffeln, Schweinefleisch und Brät zusammenzusetzen haben. Dass da findige Metzger und Gastronomen mittlerweile aus einem weit größeren Zutatentopf schöpfen, dazu später mehr.

Manche mögen's heiß: Bei hohen Temperaturen entstehen Röstaromen.

Das innungsgemäße Dreigestirn, der „echte Saumagen", wird heute vorwiegend als Scheibe gebraten. So hat ihn auch der Altkanzler berühmt gemacht. Doch was ist das Besondere und warum ist er gerade leicht gebräunt so beliebt? Wirklich wissenschaftlich zu erläutern ist das nicht. Doch eine kleine Analyse sei erlaubt, denn Kochen ist immer auch ein Stück Chemie. Denn als Begründung für die große Fangemeinde des gebratenen Saumagens fällt bei Befürwortern immer wieder unisono ein Begriff, der als Argument für das leicht krosse und süßlich-pikante Gusto herzuhalten hat: Röstaromen! Zu erklären, was das ist, damit tun sich Genießer schwer. Versuche: „Das sind die kleinen braunen Kristalle, die sich bilden, wenn man bei hoher Temperatur etwas lange in der Pfanne hat." Wer richtig was auf der Pfanne hat, weiß schon etwas mehr. Nämlich, dass die so genannte Maillard-Reak-

Pfälzer Saumagen

Der „Klassiker": Saumagenscheiben, gesotten.

tion dahinter steckt. Louis Camille Maillard (1878-1936), ein französischer Biochemiker, entdeckte sie um 1912, als er die Reaktionen von Aminosäuren und Zuckern beim Garvorgang studierte.

Der chemische Vorgang ist sehr komplex: Der Zucker reagiert bei großer Hitze ab etwa 140 Grad Celsius mit Proteinen, Aminosäuren und Peptiden. Wasser wird abgespalten und unterschiedliche neue Produkte werden gebildet: flüchtige Aromastoffe, die den leckeren Duft ergeben, ringförmige Verbindungen auf Kohlenstoffbasis, die den Bratengeschmack erzeugen, und Melanoidine, die dunklen Pigmente der Bräunung. Beim Anbraten entstehen bis zu 600 flüchtige Stoffe, duftende Aromen, von denen wir gerade mal 20 bis 30 wahrnehmen können. Da ist es schon leichter, einfach nur von

Röstaromen zu sprechen, die bei allen Befürwortern aber auch negative Folgen haben können – etwa wenn der Saumagen schwarz wird. Doch davor bilden sich all die aromatischen Produkte, die Gebratenes so lecker machen.

Manfred Kreger ist Küchenchef im Restaurant „Zum Lamm" in Neupotz und schwärmt ebenfalls vom gebratenen Saumagen. „Weil das Braten die Gewürze wie Majoran unterstützt, die frisch im Anschnitt verloren gehen!" Thomas Engel vom gleichnamigen Hotel-Restaurant in Hauenstein sagt es pragmatisch: „Die Leute wollen es so!" Und trifft damit nicht ganz den Kern, den bei Umfragen teilen sich die Pro- und Contra-Lager fast 50 zu 50. Ob der Saumagen-Burger bei ihm deshalb seit zehn Jahren Erfolg hat? Eine berechtigte Frage, denn nicht nur die Zubereitung, sondern auch die Darreichungsform ist bei der Geschmacksfrage entscheidend. Und so wird er als hauchdünnes Carpaccio mit einer Vinaigrette aufgetischt oder asiatisch-exotisch abgeschmeckt. „Aber auch der Geschmack von Pflaume oder Käse können harmonieren", sagt zum Beispiel Alexander Hundt vom Restaurant „Admiral" in Weisenheim am Berg.

So ist es beim Saumagen wie bei anderen kulinarischen Glaubensfragen auch. Es bleibt eine Frage des Geschmacks. Und dass der auch ganz skurrile Ausuferungen haben kann, zeigt sich alle zwei Jahre beim Internationalen Pfälzer Saumagenwettbewerb in der Kinck'schen Mühle in Landau-Godramstein. Da stehen die traditionellen Mägen und die Exoten auf dem Prüfstand. Und dann darf eine neue Glaubensfrage gestellt werden: „Muss man Saumagen mit Schokolade überziehen, gehört er als Füllung in eine Frühlingsrolle und was hat er in einer Tintenfischtube zu suchen?"

Markus Giffhorn

Wenn ich an Saumagen denke:
Ich esse ihn sehr gern. Am liebsten gesotten
ohne Bindemittel, damit er beim Aufschneiden
auseinanderbrockelt.

Jürgen C. Grallath, Geschäftsführer
der Winzergenossenschaft Deutsches Weintor e.G.

Wer macht den besten Saumagen?

Der Internationale Pfälzer Saumagenwettbewerb in Landau-Godramstein

Alle zwei Jahre im November treffen sich in der Kinck'schen Mühle im Landauer Stadtteil Godramstein rund 40 weiß gekleidete Damen und Herren mit hellwachem Blick, geschultem Gaumen und nicht allzu ernster Miene. Es sind die Juroren eines Wettbewerbs, der absolut einmalig in diesem Universum ist. Die Rede ist vom Internationalen Pfälzer Saumagenwettbewerb, bei dem die weltbewegende Frage entschieden wird: Wer macht den besten Saumagen?

Der Saumagen, regionales Leibgericht vieler Pfälzer und anderer Anhänger der deftigen Küche von außerhalb, erlebt seit Jahren eine Renaissance. Davon jedenfalls ist der Ehrenobermeister der Fleischer-Innung Südliche Weinstraße-Landau-Germersheim, Klaus Wolf aus Birkweiler, überzeugt. Er zieht diesen Schluss vor allem aus der Tatsache, dass der von ihm erfundene Internationale Pfälzer Saumagenwettbewerb immer mehr Teilnehmer und ein immer stärkeres Medienecho findet. Er freut sich über dieses „Zurück zu den Wurzeln der Pfälzer Gerichte", zumal er nach eigenen Angaben in seinen 36 aktiven Berufsjahren sicher mindestens 60.000 Saumägen produziert hat. „Wer einen guten Saumagen machen will, braucht dazu handwerkliches Können, Kreativität und Leidenschaft", stellt Klaus Wolf fest und beschreibt damit eigentlich alles, was zu einem ordentlichen Saumagen gehört.

Im Jahr 1996 hat Wolf diesen Wettbewerb zum ersten Mal ausgeschrieben. Der Erfolg war überwältigend. Ausgelobt wurden zwei Kategorien: typisch-traditionell und einmal mit

Ein geschulter Gaumen gehört dazu: die Juroren beim Internationalen Pfälzer Saumagenwettbewerb.

Zusatzvariationen. Die traditionelle Art entspricht dem, wie früher in der klassischen Hausmannskost Saumagen zubereitet wurde: Nur heimisches Gemüse wie Kartoffeln, Lauch, Sellerie und Zwiebeln fand Verwendung, als „Geschmacksverstärker" gab's nur Schweinefleisch.

Inzwischen jedoch gibt es Hunderte von Varianten. Und auch die werden beim Saumagenwettbewerb einer genauen Überprüfung unterzogen. Häufig wird das traditionelle Schweinefleisch durch Wildschwein, Reh oder Hirsch ersetzt. Fisch, Sellerieblätter, Peperoni, Champignons, Walnüsse oder Schafskäse finden sich hin und wieder auch im Saumagen und

Pfälzer Saumagen

Vier Bewertungskriterien muss sich ein Saumagen unterziehen.

Wer macht den besten Saumagen?

Kandidaten im Wettbewerb: Gold, Silber oder Bronze?

verleihen ihm zumindest einen von der Norm abweichenden Geschmack. Blätterteig-Saumagen-Pastete oder Saumagen-Torte, Saumagen-Ravioli oder Saumagen-Bratwurst, Saumagen mit Schnecken oder als Soufflé gehören bei manchen Herstellern ebenfalls zum nicht immer Begeisterungsstürme hervorrufenden Angebot.

Aber auch sie werden beim Saumagenwettbewerb alle einer genauen und strengen Überprüfung unterworfen. Insgesamt werden jeweils bis zu 50 Punkte vergeben: 49 - 50 Punkte Gold, 46 - 48 Silber und 42 - 45 Bronze. Wichtig sind vier Kriterien: 1. Äußere Beschaffenheit (Maximum 5 Punkte), 2. Schnittbarkeit, Schnittbild, Konsistenz (Maximum 10 Punkte), 3. Zusammenstellung, Verarbeitung, Materialauswahl (Maximum 15 Punkte) und 4. Geruch und Geschmack (Maximum 20 Punkte).

Inzwischen werden Saumägen für diesen Wettstreit nicht nur aus der gesamten Pfalz – sowohl von Profis als auch von talentierten Hausfrauen – eingereicht, sondern aus allen Teilen Deutschlands, ja sogar aus Österreich, Luxemburg, Belgien, Frankreich und den Niederlanden. Mit anderen Worten: Das pfälzische „Nationalgericht" ist nicht zuletzt dank der Werbung durch Helmut Kohl dabei, die europäische Bühne zu erobern. Folgt man übrigens Saumagen-Enthusiasten, dann ist dieses Gericht der „Gipfel aller Schlachtgenüsse" und das „herrlichste Gedicht Pfälzer Küchenpoesie". Der Mundartdichter Karl August Woll lässt in seinem „Saumagenlied" einen Mann am Stammtisch bei einer Schwärmerei über gute Pfälzer Speisen feststellen, er kenne sie „alle sehr genau, doch es geht mir über alles, stets der Magen einer Sau". Und Paul Tremmel aus Forst, dieser mundartlich hochbegabte Zeitgenosse behauptet: „Un mit vum Beschde – kammer sache, des is halt vun 're Sau de Mache".

Dieter Hörner